# Wege, Terrassen und Sitzplätze

Max Kirschner

# Wege, Terrassen und Sitzplätze

## ... mit Klinker, Holz und Naturstein selbst anlegen

Augustus

# Einleitung

## Die Funktion befestigter Flächen im Garten

Befestigte Flächen im Garten erfüllen in erster Linie die Funktion, daß der Benutzer auch bei anhaltend feuchter Witterung nicht im Schlamm versinkt. Dies gilt für Wege ebenso wie für Plätze.
Während Plätze in erster Linie einem bestimmten Zweck dienen, zum Beispiel als Sitzplatz oder zum Arbeiten (Terrasse), stellen Wege die Verbindung zwischen verschiedenen Gartenteilen her und gliedern sie dabei gleichzeitig.
Die Wege selbst kann man noch unterscheiden in Eingangsbereiche, Parkplätze und Garagenzu-fahrten, Hauptwege, Nebenwege und schließlich Wege in Hanglagen – die Treppen. Letztgenannte verursachen den größten Aufwand, erfüllen aber auch eine unersetzliche Aufgabe.
Die strukturelle Funktion verleiht den Wegen eine besondere Bedeutung bei der Gestaltung des Gartens.

*Wege erschließen den Garten und prägen dessen Charakter.*

*Ein schmaler Klinkerweg bringt Ordnung in die Blumenbeete.*

Form, Farbe und Wegebelag prägen den Charakter. Er sollte nicht nur auf die Nutzung des Weges, sondern auch auf die Wohngebäude und die Bepflanzung abgestimmt sein. Der Weg durch den Rasen wird ganz anders aussehen als der vom Gartentor zum Hauseingang oder wiederum der Weg zwischen den Gemüsebeeten.
Natürlich sollte auch die Zahl der Wege angemessen sein. Zu viele gewichtige Wege wirken zu unruhig, der Garten wird zerstückelt anstatt wohltuend geordnet.

## Der Weg ist das Ziel

Diese Aussage gilt nicht nur für die Nutzer dieses Buches, die selbst einen Weg im Garten anlegen wollen. Es ist eine Weisheit aus dem Zen-Buddhismus, die besagt, daß nicht das Erreichen eines Zieles wichtig ist, sondern das Er-Leben, während man zu einem Ziel unterwegs ist. Mit dieser Maxime kann man auch die gestalterische Aufgabe eines Gartenwegs umschreiben: Es ist zwar unerläßlich, daß der Weg zum gewünschten Ziel führt, aber er sollte mit seiner Streckenführung, mit Farbe, Material und seinem gesamten Charakter seiner Umgebung und Funktion angemessen sein. Wenn man auf dem Weg immer wieder neue Eindrücke gewinnt und von einer lebendigen Struktur angeregt wird, dann wurde die buddhistische Weisheit erfolgreich auf den Garten übertragen.

# Gestaltungs-prinzipien

Dieser Hauptweg wirkt großzügig, aber er birgt keinerlei Überraschungen.

## Die Wegführung

Selbstverständlich gibt es einige Grundregeln, an die sich der Laie halten kann. Die Breite und Befestigung eines Weges wird man vor allem nach der Art und Häufigkeit seiner Nutzung richten.
Die grundsätzlichen Entscheidungen sind sehr komplex und von den Gegebenheiten und den Wünschen des Benutzers abhängig, so daß es nützlich sein kann, bei der Planung einen Gartenarchitekten hinzuzuziehen.

### Hauptwege und Wiesenpfade

Eine kreative Weggestaltung sollte nicht zuletzt dann in Betracht gezogen werden, wenn der gärtnerische Ehrgeiz eher gering ist. Die Anlage und Pflege von gelungenen Pflanzungen verursacht nämlich erheblichen Aufwand. Durch eine entsprechende einmalige Investition in die Weggestaltung läßt sich eine ähnliche Belebung erzielen. Umgekehrt legen erfahrene englische Gartengestalter zwischen abwechslungsreichen Pflanzbeeten oft nur Kieswege an, um das Auge nicht vom Wesentlichen abzulenken.
Die Garageneinfahrt muß für die besonderen Erfordernisse des Autos angelegt sein, sowohl was die Breite als auch die Belastbarkeit betrifft. Für die Hauptwege sollte eine Breite von 1,20 bis 1,50 m vorgesehen werden, so daß zwei Personen problemlos nebeneinander gehen können. Das genaue Maß wird vom Plattenmaß mitbestimmt. Solche Wege werden gerne mit dicht verfugten Platten belegt, ebenso wie größere Terrassenflächen (siehe S. 63).
Für Arbeitswege, die häufig mit dem Schubkarren befahren werden, sollte man eine Breite von etwa 80 bis 100 cm vorsehen, während für weniger begangene „Schönwetterwege“ 40 bis 60 cm ausreichend sind oder gar nur ein ausgetrampelter Erdweg. Um quer durch eine

Wiese zum Kompostplatz oder zur Wäschespinne zu kommen, genügen oftmals einzelne Trittsteine.
Die Wege gliedern durch ihren Verlauf den Garten, sollten aber nicht den Gesamteindruck dominieren. Gestalterische Bedeutung erreichen sie besonders im Kontrast zur Umgebung: Wenn zum Beispiel der einheitliche Belag neben dem bunten Blumenbeet Ruhe ausstrahlt, oder wenn verspielte Muster und Formen einen eher eintönigen grünen Rahmen beleben.
Ein Weg braucht im allgemeinen ein Ziel (Gewächshaus, Häuschen, Kompostplatz ...) und sollte nicht sinnlos im Nichts enden. Notfalls kann man an einem funktionslosen Wegende einen beruhigenden Blickfang plazieren, eine Bank, eine Statue oder ähnliches.

*Ein leicht geschwungener Pfad trennt Blumenrabatte und Wiese.*

## Gerade oder geschwungen?

Unterschiedliche Wegführungen verleihen dem Garten Struktur und Charakter – je nachdem, ob es sich beispielsweise um einen geradlinigen Plattenweg oder einen geschwungenen Weg aus Rindenmulch handelt. Gerade Wege strahlen Ruhe aus. Gewundene Wege wirken organischer und passen besser zum Charakter von Pflanzen und Garten. Vor allem in großen Gärten sollte man nie die kürzeste Verbindung wählen. Mit großen

*Schmale Trittpfade zweigen vom Hauptweg in die Beete.*

Platten läßt sich viel schwieriger ein geschwungener Verlauf gestalten als mit kleinem Pflaster. Keine künstlichen Kurven! Trotz dieser Überlegungen sollte man nicht allein aus gestalterischen Überlegungen Kurven in den Hauptweg einbauen, die man natürlicherweise nie gehen würde. Überprüfen Sie deshalb zu Beginn der Planungen, welchen Weg Sie automatisch nehmen. Um diese Kernlinie herum kann man dann gestalten. Andernfalls nehmen die Betroffenen dauernd Abkürzungen, anstatt den Weg zu benutzen.
Der Benutzer sollte von einem Punkt zu einem anderen gelenkt werden, ohne daß er dabei den ganzen Garten überblicken kann. Denn dadurch ergeben sich immer wieder neue Einblicke und Perspektiven, die das Begehen des Weges zu einem abwechslungsreichen Erlebnis machen. Enge und weite Bereiche dürfen sich ruhig abwechseln, gelegentliche verbreiterte Plätzchen bringen zusätzlich Bewegung in den Wegverlauf.
Eine gelungene Bepflanzung kann ebenso für Kurzweil sorgen wie eine Plastik oder andere Elemente am Rand des Wegs, wenn sie die Aufmerksamkeit seiner Benutzer auf sich ziehen. Damit eine beidseitige Begleitpflanzung entlang des Weges nicht zu symmetrisch wirkt, sollte man immer wieder hohe Pflanzen einstreuen.

*Wegteile mit verschiedenen Materialien sorgen für Abwechslung.*

## Farbe und Strukturen der Wege

Struktur und Farbe des Wegbelags bestimmen das Gartenbild entscheidend mit. Deshalb sollte die Materialauswahl nicht allein von der Funktion beeinflußt werden.
Ein einheitlicher Belag bringt eine beruhigende Wirkung. Zumindest empfiehlt sich, ein Material auszuwählen, das vorherrschen soll und an dem sich die

Flächen wirken im Garten langweilig. Bei vegetationsfreundlichen Pflasterbelägen ist sogar in den Fugen Platz für Bewuchs. Besonders schöne Kontraste mit frischem Grün und anderen hellen Laubfarben bilden Klinkersteine. Allerdings tritt die volle Wirkung nur an sonnigen Standorten

*Der Belag sollte mit der Bepflanzung eine harmonische Einheit bilden.*

übrigen orientieren müssen. Durch die Kombination unterschiedlicher Farben und Texturen auf einer Fläche läßt sich eine abwechslungsreiche Gestaltung erreichen (siehe S. 53). Selbst der Charakter der Bepflanzung hat ein Wörtchen mitzubestimmen. Wo ein harmonisches Wechselspiel mit der Pflanzenwelt erwünscht ist, sollten keine geraden Linien dominieren. Auch Teiche oder künstlerische Gestaltungselemente

## TIP!

Je weiter ein Weg vom Haus entfernt ist, desto natürlicher darf und soll das Material wirken; je näher, desto strenger und künstlicher.

sind zu berücksichtigen. Wie auch beim Holz dunkeln die Farben neuen Pflasters (Naturstein!) durch Abnutzung und Witterung nach. Deshalb dürfen die Kontraste ruhig am Anfang kräftig sein, damit die erwünschte Wirkung nicht nach kurzer Zeit völlig verloren geht. Gefärbte Betonsteine hingegen bleichen im Laufe der Zeit eher aus. Betonierte oder geteerte

zutage. Gestufte oder anderweitig verspielte Wegränder verstärken die Einheit mit der umgebenden Natur. Für Wege in schattigen Gartenregionen sind Beläge mit rauher Oberfläche zu bevorzugen. Denn in der feuchtkalten Atmosphäre werden glatte Beläge schnell mit Moosen und Algen belegt und dadurch bei Regen zur glitschigen Rutschgefahr.

## Der Eingangsbereich

Der Eingangsweg ist der wichtigste befestigte Bereich im Garten. Er wird praktisch jeden Tag benutzt und muß daher ganzjährig, bei jeder Witterung sicher begehbar sein. Gleichzeitig soll er individuell, bei Bedarf sogar repräsentativ wirken. Besonders attraktiv wirkt an dieser Stelle ein Materialmix, wenn zum Beispiel Betonplatten nach einem bestimmtem Rhythmus in einen Pflaster- oder Klinkerbelag eingebaut werden (siehe S. 53f.).

*Sogar der kurze Weg zum Haus kann abwechslungsreich sein.*

Wege können nicht nur die Gartenteile miteinander verbinden, sondern auch Natur und Architektur. Deshalb muß der Belag auf das Gebäude abgestimmt sein, zu dem der Weg führt. Insbesondere die Fassade dient als Anhaltspunkt für die Materialauswahl.

*Ein strenger, aber offener Eingang mit Pflaster vermittelt einen anderen Eindruck als ein natürlich zugewachsener Hauptweg.*

Die moderne Bauweise mit ihren klaren Linien wird am besten durch Natursteine oder Betonsteine ergänzt, manchmal auch mit Kieseln. Zu älteren, bäuerlicheren Häusern passen Klinker, Kies oder Holz sehr gut. Natursteinpflaster als Bindeglied kann fast alle Stilrichtungen begleiten.
Ein gerader, beidseitig von Beeten gesäumter Weg vom Gartentor zum Haus zerschneidet den Garten. Diese Wirkung ist unerwünscht. Auch das sofortige, geradlinige Erkennen des Ziels macht den Weg unattraktiv. Deshalb sollten auf dem Weg zum Haus verschiedene „Erlebnisbereiche“ durchschritten werden.

*Eine großzügige und individuelle Lösung, die Können erfordert.*

## Die Garageneinfahrt

Der Maßstab für die Garagenzufahrt wird häufig durch die Garage vorgegeben. Ansonsten sollte sie mindestens 3 m breit sein, damit man beidseitig komfortabel aussteigen kann. Außerdem nimmt sie mindestens eine Parkplatzlänge (5 m) und je nach Entfernung der Garage zum Grundstücksrand noch mehr Fläche ein. Deshalb empfiehlt es sich, zum Ausheben des Untergrunds (siehe S. 20) eventuell einen Minibagger auszuleihen.
Nicht einmal für diesen Nutzungszweck ist ein versiegelter Boden erforderlich: Als Belag wären beispielsweise Rasengittersteine (siehe S. 35) gut vorstellbar, so daß der Eindruck entsteht, die Grünfläche würde sich fortsetzen. Beläßt man größere Fugen zwischen Pflastersteinen, so kann der Bewuchs ein grünes Streifenmuster bilden (siehe S. 43/44).
Eine weitere Minimallösung besteht aus zwei Fahrspuren. Mit einem bewachsenen Mittelstreifen wirkt dies sehr natürlich. Die lichte Weite zwischen den Streifen sollte 40 cm nicht übersteigen. Auch nach außen ist die Breite des Radstands lieber großzügig zu belegen, anstatt ständige „Seitensprünge“ in Kauf nehmen zu müssen. Häufig genügt eine „wassergebundene Decke“, wie der Fachmann den befestigten Kiesweg nennt (siehe S. 51). Ihn kann man zusätzlich von einem parallelen Fußweg (120 cm breit) aus Pflaster oder Platten begleiten lassen. Pflastersteine sind belastbarer als Betonplatten. Diese müssen zum Befahren mindestens 6 bis 7 cm stark sein; häufig unterlegt man sie mit einer Betonschicht. Eine großzügige befestigte Einfahrt hat den Vorteil, daß sie den Kindern einen „Innenhof“ bietet, auf dem sie spielen können, ohne auf die Straße zu müssen.

*Rasengittersteine lassen auch den Eingangsbereich natürlich wirken.*

## Einfache Lösungen zwischen den Beeten

Selbst wenn die Wege im Garten in einheitlichem Material gehalten sind, kann man die Abzweigung zum Nutzgarten oder gar die Pfade zwischen den Beeten abweichend gestalten und damit als eigenen Bereich kennzeichnen. Dazu genügt unter Umständen ein anderes Muster. Stufen sind hier aus Rücksicht auf den Einsatz der Schubkarre zu unterlassen.
Zwischen den Beeten genügen oft schmale Trittwege von Fußbreite, um Pflege- und Erntearbeiten bei jeder Witterung trockenen Fußes erledigen zu können. Auch solche Wege sollten auf eine zumindest 4 bis 5 cm starke, durchlässige Schicht aus Splitt und Sand gebettet werden. Dann kann das Wasser darunter ablaufen, und der Belag kann bei einseitiger Belastung auf nassem Boden nicht gleich kippen. Der Boden muß hier also (4 cm + Materialstärke tief) möglichst waagrecht ausgehoben und festgestampft werden (siehe auch S. 20 und 28).
Gerne werden im Nutzgarten unbehandelte Bretter ab etwa 3 cm Stärke verlegt; Holzschutzmittel haben zwischen den Nahrungspflanzen nichts zu suchen. Nach drei Jahren muß man die Bretter dann meist auswechseln.
Gelegentlich nachfüllen muß man auch Rindenmulch (siehe S. 62). Er sollte in eine Vertiefung gefüllt werden, damit das Material nicht in die Beete verteilt wird.
Ein Wiesenpfad aus einzelnen Trittplatten genügt für selten begangene Wege.
Die archaischen Steinspuren locken den Betrachter zu scheinbar geheimnisvollen Zielen. Praktische Hinweise dazu finden Sie im Kapitel über Natursteinplatten (siehe S. 48).

*Im Nutzgarten genügen einfache hölzerne Trittroste.*

## Wie überwindet man Gefälle?

Ein leichtes Gefälle innerhalb der Pflasterflächen wird bewußt angestrebt, wie wir noch hören werden (siehe S. 21). Daher schadet es auch grundsätzlich nicht, wenn das Gelände natürlicherweise eine gewisse Neigung aufweist. Wenn es die Planungen behindert oder das Wasser in unerwünschter Weise zu den Gebäuden hinleitet, muß eventuell Boden abgetragen werden. An einem Hang jedoch muß

man mit den gegebenen Umständen fertig werden. Geneigte Flächen begehbar zu machen und verschiedene Höhenniveaus miteinander zu verbinden, das ist die Kernfunktion von Stufen. Bei mehr als 15 Prozent Gefälle (= 15 cm Steigung pro Meter) muß man sie auf jeden Fall ins Spiel bringen, bei glatten Belägen schon ab 7 Prozent. Die Treppe sollte mit dem Wegbelag korrespondieren, wenn nicht gleich aus demselben Material bestehen.
Nebenbei haben Treppen auch eine wichtige gestalterische Funktion. Farbe und Material, strenge oder natürliche Eingebundenheit in die Umgebung sowie das Licht- und Schattenspiel machen die Treppe zum Blickfang eines Gartens am Hang.
Eine Treppe anzulegen, bedeutet viel Arbeit (siehe S. 73ff.). Es steht eine Vielzahl von Gestaltungsmöglichkeiten zur Verfügung. Um die richtige Wahl zu treffen und fachgerecht zu bauen, empfiehlt es sich häufig, Fachleute hinzuzuziehen.

*Treppen sind gestalterisches Element. Ab 15 Prozent Gefälle ist ihr Einbau unumgänglich.*

*Mit Geschick und Phantasie lassen sich kleine Erlebnislandschaften gestalten.*

# Planung und Vorbereitung

## Einen Plan zeichnen

Bevor man sich an die Arbeit macht, ist ein sorgfältiger maßstabsgerechter Plan anzufertigen. Dies geschieht möglichst exakt mit Hilfe eines Maßbands. Vor der Einfügung des neuen Wegverlaufs oder der Terrassengröße müssen die vorhandenen Grundstrukturen eingezeichnet werden: Grundstücksgrenze, vorhandene Gebäude (Haus, Garage) und andere Baulichkeiten (Garten- oder Gerätehäuschen, Kompostplatz ...) sowie Bäume und Sträucher, die erhalten bleiben. Nach Möglichkeit sind auch unterirdische Leitungen einzutragen. Sogar Erscheinungen, die außerhalb des Gartens lokalisiert sind, lassen sich berücksichtigen, indem man zum Beispiel einen schönen Ausblick markiert.
Auf den Plan werden die Maße im Verhältnis 1:100 oder besser 1:50 übertragen. Das bedeutet bei letzterem Maßstab, daß 1 m im Garten auf dem Plan als (100 cm: 50 =) 2 cm erscheint.
Etwas schwieriger ist es für den Laien, etwaige Höhen-

unterschiede einzutragen. Die verschiedenen Niveaus können durch gestrichelte oder farblich markierte Linien gekennzeichnet werden. Das für den Wasserablauf vorgesehene leichte Gefälle sollte ebenfalls im Plan auftauchen. Die Berechnung des Gefälles geschieht in Zweifelsfällen durch Spannen von Schnüren mittels der Wasserwaage und Berechnung der Höhendifferenz pro Entfernung (siehe S. 26). An einem steilen Hang wird man die Vermessung einem Fachmann überlassen. In der Regel sollte das Haus die höchste Erhebung in der näheren Umgebung sein, damit es nicht überschwemmt wird. Stellt sich heraus, daß das Gefälle zum Haus hin verläuft, dann muß man zumindest eine Stufe vorsehen, die das Wasser aufhält. Am besten sollte das Gelände geebnet werden.
Diese Vorgehensweise erleichtert die weitere Gliederung des Gartens. Durch die Wegführung werden verschiedene Orte verknüpft und gleichzeitig Bereiche abgetrennt. Terrassen und andere Sitzplätze markieren die Ruhepunkte. Von Mauern sollte die Wegführung etwa 20 bis 30 cm Abstand halten.

Auch die Garagenzufahrt gehorcht in erster Linie funktionalen Gesetzen. Anhand des Plans kann man versuchen, die Auswirkungen der Neuanlagen auf die gesamte Gartengestaltung abzulesen.
Im übrigen lassen sich aus diesem Überblick die Maße der zu belegenden Flächen errechnen. Und daraus ergibt sich nicht zuletzt auch der finanzielle Aufwand, der für Material und eventuelle Arbeiten zu leisten ist. Hat man sich für Wegführung, Belag, Einfassung und Muster entschieden, dann können die Kosten schon ziemlich konkret veranschlagt werden. Mit solch fertigen Unterlagen kann man sich bei einem Gartengestalter bzw. Landschaftsbau-Betrieb auch ein Angebot machen lassen.

*Wer hier nach Hause kommt, nimmt den Schwung seines Eingangsweges mit.*

## Das geeignete Material

Entscheidend für die Materialauswahl sind Nutzung, Ästhetik, Maße und Verarbeitbarkeit sowie nicht zuletzt der Geldbeutel. Zu verschiedenen Nutzungsbereichen und ästhetischen Gesichtspunkten wurde bereits im Kapitel über die „Gestaltungsprinzipien“ ausgiebig Stellung genommen. Eine Versiegelung mit Asphalt oder Beton ist für eine gesicherte Fortbewegung im Garten nicht notwendig.

Schon aus Größe und Form der Fläche lassen sich Schlüsse auf die geeigneten Beläge und Muster ziehen. Große Naturstein- oder Betonplatten verwendet man bevorzugt für breite Wege oder große Flächen. Aus den Formaten ergibt sich umgekehrt die Breite des Weges. Ein häufiges Maß ist 120 bis 125 cm: (6 x) 20 und (4 x) 30 cm breite Plattenquadrate sowie (5 x) 24 cm breite Klinker führen zu dieser Zahl, wenn man die Fugen (etwa je 0,5 cm) in der Rechnung berücksichtigt. Natürlich muß auch in der Länge jeweils ca. 0,5 cm Fuge hinzugezählt werden, wenn man die Zahl der Steinreihen berechnen will. Kleine Steinarten lassen sich mit weniger Kraftaufwand verlegen, erfordern aber mehr Erfahrung. Steine oder Platten sind in niederschlagsreichen Gegenden gegenüber Kies zu bevorzugen. Für alle Materialien gilt in unserem Klima, daß sie frostbeständig sein müssen. Sobald die Auswahl durch solch sachliche Kriterien eingeengt ist, kann man geschmackliche und finanzielle Gesichtspunkte anlegen. Es gibt graue und bunte Wegeplatten, Verbundsteine, regelmäßig und unregelmäßig geschnittene Natursteine, kleine und große Pflaster. Es gibt legere Kieswege mit Buchseinfassung und natürlich wirkende Beläge aus Rundhölzern, Holzbalken oder gar duftendem Rindenmulch.

*Einzelne Natursteinplatten (l.u.) lassen sich geschickt mit Pflanzen kombinieren. Klinker und Betonplatten (r.u.) erzeugen strenge Formen. Mit Kleinpflaster (o.) können fast beliebige Formen und Muster gelegt werden.*

## Billig ist nicht immer preiswert

Erkundigen Sie sich über die Quadratmeterpreise der in Frage kommenden Materialien, um die Grössenordnung ermessen zu können, die Sie ausgeben bzw. einsparen können. Auch das Verlegemuster wird dabei eine Rolle spielen.

Die meisten Anregungen erhält man bei Spezialfirmen für (Garten-) Baustoffe oder in Naturstein-Handlungen. Nicht selten können hier auch Musterbeläge besichtigt werden.

Klinker werden in Ziegeleien hergestellt.

Im Gartencenter oder Baumarkt ist die Auswahl oft nicht groß.

Es läßt sich leicht feststellen, daß Steine aus der Um-gebung am günstigsten sind, weil bei solch schweren Materialien die Transportkosten stark ins Gewicht fallen. Hinzu kommt, daß diese Beläge meist auch zum regionalen Charakter passen.

Beispielsweise läßt sich feststellen, daß in Norddeutschland Klinker das Übergewicht besitzt, während im südlichen Teil mehr Natursteine verwendet werden.

Billiger sind alle künstlich gefertigten Betonsteine.

*Runde Formen sind auch mit Betonformsteinen keine Kunst.*

Aber sie wirken auch meist etwas technisch und steif. Natürlicher und noch preiswerter ist ein Kiesweg.

Ein günstiger Preis sagt jedoch nichts aus über Wert und Dauerhaftigkeit eines Materials. Natur-Pflastersteine und Klinker bilden über Generationen einen ansehnlichen Belag und sind auch noch etwas wert, wenn man den Weg auflöst und sie erneut verlegt. Diese Steine nützen sich nicht ab, mit dem Alter gewinnen sie sogar an Charakter. Ganz zu schweigen von der gestalterischen Qualität eines guten Belags, der auf das gesamte Grundstück ausstrahlt.

Es lohnt sich oft, zu überprüfen, ob alte Materialien wiederverwendet werden können. Das gilt nicht nur für die genannten Natur- und Klinkersteine. Sogar ein Teil der Betonplatten kann auf Nebenwegen oder als Gestaltungselement in einem Muster wieder eingesetzt werden.

**Streifenverband**

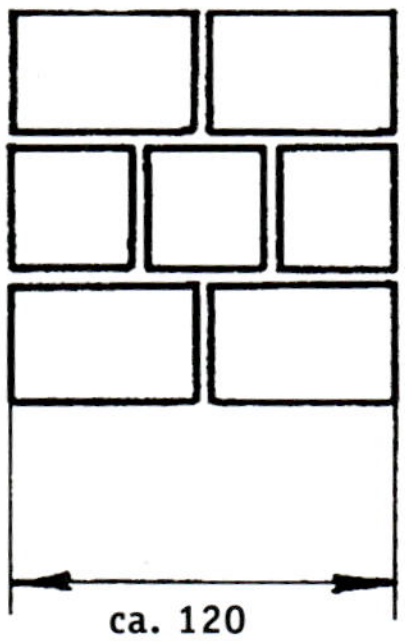

## Der Unterbau

Die Unterkonstruktion des Belags ist nicht sichtbar und doch eine entscheidende Grundlage für einen dauerhaft funktionierenden und gut aussehenden Weg. Sie besteht in der Regel aus wasserdurchlässigen Schichten. Dadurch wird verhindert, daß sich unter der Wegdecke Wasser sammelt und bei Frost den Belag aufwirft. Sandige Böden sind für solche Probleme von vornherein weniger anfällig als schwere, schluffige und tonige Böden, die sehr viel Wasser speichern oder gar stauen. Auf reinem Kiesboden wäre eine Unterkonstruktion überflüssig.

Als erstes muß ein Bett ausgehoben oder – wie der Fachmann sagt – „ausgekoffert" werden. Das genaue Maß hängt von der Bodenart, von der Nutzung des Weges wie auch von der Materialwahl ab, weil die Höhe des Steins zu berücksichtigen ist (siehe S. 28). Nach den Seiten wird etwa 10 cm über die Wegbreite hinausgearbeitet, um auch die Kanten zu stabilisieren.

Nachdem der ausgehobene Untergrund festgestampft wurde, kommt darüber die sogenannte Tragschicht aus grobem, wasserdurchlässigem Material, am besten Schotter oder Rundkies der Körnung 0/32 bis 0/50. Im norddeutschen Raum wird oft mangels Kies schon Sand verwendet.

Während Sand und Kies auf natürlichem Weg entstehen und nur sortiert werden müssen, sind Splitt und Schotter künstlich gebrochene Steine.

Zur Not kann man auch mit Ziegelbruch, Bauschutt oder Schlacke improvisieren. Besonders große Brocken sind gegebenenfalls zu zerkleinern.

Die Schichtstärke variiert je nach Nutzung und Boden: Ein Fußweg auf sandigem Boden braucht unter Umständen gar keine Tragschicht, während eine Einfahrt auf undurchlässigem Boden bis zu 40 cm vertragen kann.

Eine Garantie für Frostsicherheit hat man nur mit Frostschutzkies. Er wurde von allen humosen und tonigen Verunreinigungen gereinigt. Denn diese Erdbrocken können Wasser speichern. Fast ebenso zuverlässig, aber billiger ist Gruben- oder Wandkies mit seinen vielen verschiedenen Körnungen. Eine solche Schicht wird noch vor der Tragschicht direkt auf den verdichteten Untergrund ausgebracht.

Bei einer Garageneinfahrt kann man die Grube zuunterst mit einer zusätzlichen Packschicht aus schweren Steinen auslegen. Auf sehr lehmigen oder nassen und weichen Böden empfiehlt es sich, zuvor noch ein Vlies unterzulegen, damit sich der weiche Unterboden auch nach Einlegen der Packlage nicht nach oben arbeiten kann. An den Anschlußstellen sollte das Vlies jeweils etwa 50 cm überlappen.

**DIE BESTANDTEILE DES UNTERBAUS**

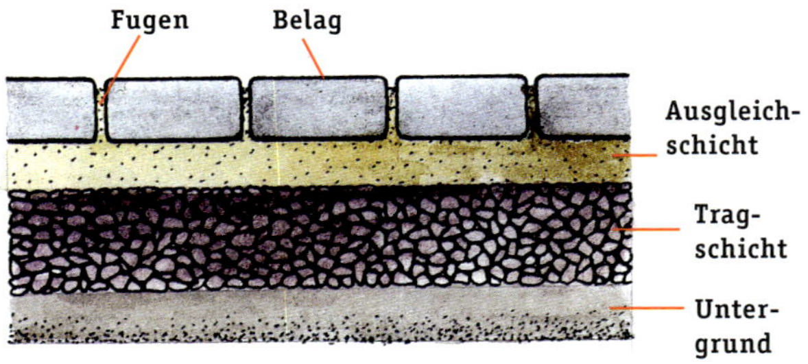

Darüber wird die Ausgleichschicht aufgebracht: 3 bis 5 cm hoch Sand oder Splitt in der Stärke 3/8. Wenn man dies feinere Material mit Wasser in die Zwischenräume einspült, wird die untere Lage stabilisiert. Die Ausgleichschicht dient nach dem Verdichten als Bettung für den Belag. Mörtel eignet sich in der Regel nicht, weil die Fugen „arbeiten". Eine Mörtelbettung ist bestenfalls in überdachten Bereichen zu empfehlen.

Der Mengenbedarf an Füllmaterial läßt sich errechnen aus der Fläche mal der Stärke der Schicht, z.B. 8 $m^2$ x 0,25 m = 2 $m^3$. Zusätzlich sind nochmals 10 Prozent hinzuzurechnen, die beim Verdichten verlorengehen. Damit die Unterkonstruktion nicht im Laufe der Zeit zusammensackt und dadurch der Weg instabil wird, muß man die verschiedenen Schichten verdichten (siehe S. 28). Dabei sollte immer wieder mit Richtlatte und Wasserwaage überprüft werden, ob die Oberfläche eben ist bzw. dem vorgesehenen Gefälle entspricht (siehe folgendes Kapitel). Wenn die gewünschten Höhen erreicht sind, ist die Feinplanie beendet. Schüttgüter sowie Kalk und Zement können beim Baustoffhandel bezogen werden. Wegen Kies oder Sand geht man nach Möglichkeit gleich zum Kieswerk, weil dort eine Handelsstufe ausgespart wird. Meist empfiehlt es sich, die Materialien antransportieren zu lassen: 1 $m^3$ wiegt zwischen eineinhalb und zwei Tonnen!

## TIP!

Bei Neubauten sieht man gelegentlich, daß direkt ans Haus angrenzende Terrassen mit der Zeit absacken. Das liegt an der ungenügenden Verdichtung in unmittelbarer Hausnähe – es handelt sich schließlich um eine etwa 2 m hohe Füllung. Deshalb empfiehlt es sich, schon während der Hausbauphase Schüttgut einzubringen und lagenweise zu verdichten.

*Grober Schotter oder Kies bildet die wasserdurchlässige Schicht.*

## Wasserablauf integrieren

Für befestigte Gartenflächen sind Kanalanschlüsse in der Regel nicht erforderlich. Ein kleiner Teil der Niederschläge versickert in den Fugen. Meist genügt es, das übrige Wasser durch ein leichtes Gefälle in die umgebenden Pflanzbeete abzuleiten. Dadurch wird außerdem die natürliche Bewässerung der Pflanzen verbessert.

Zur Ableitung des Wassers peilt man ein Gefälle von

etwa 2 Prozent an, das sind 2 cm pro Meter mindestens zu einer Seite des Wegs; bei Belägen mit sehr rauhen Oberflächen dürfen es auch 3 Prozent sein. Breitere Wege können nach beiden Seiten hin abfallen wie ein Dach.
Längsgefälle werden meist durch den Geländeverlauf vorgegeben. Bei starkem Gefälle ist ein Seitengefälle besonders wichtig, damit das Wasser den kürzesten Weg ins Erdreich nimmt und nicht sturzbachartig den Weg entlangläuft. Dadurch könnten die Fugen ausgespült werden. Künstliche Längsgefälle sollten in der Regel nicht ins Auge fallen. Auf besonders schweren Böden sind stärkere Sicherungsmaßnahmen vorzusehen als auf durchlässigem Untergrund. Wenn der Weg gegenüber dem anschließenden Gelände etwas überhöht angelegt ist, kann das Wasser besser abfließen als umgekehrt. Allerdings ist das aus optischen Gründen nicht erstrebenswert.

*Das Fallrohr bietet die Möglichkeit zum Anschluß an die Kanalisation.*

## Auffanggefäße einbauen

Besonders wichtig ist es, das Wasser vom Haus und anderen Gebäuden wegzuleiten. Wenn das aufgrund des Geländes nicht möglich ist, muß man das Gefälle so anlegen, daß die Niederschläge in ausreichender Entfernung vom Haus in einer Rinne oder einem Gully aufgefangen werden. Auch bei größeren Flächen können die Wassermengen manchmal nicht ins Erdreich abgeleitet werden.
Ein Gully muß nicht zwangsläufig am Rande einer befestigten Fläche liegen, sondern kann zum Beispiel in einem schalenförmig abgesenkten Zentrum das Wasser aufnehmen. Bei einseitigem Gefälle ist eine Rinne zu bevorzugen. Der Nachteil einer Rinne wird manchem in den Ohren klingen: Sie signalisiert durch aufdringliches Klappern, wenn ein Fahrzeug angekommen ist. Diesbezüglich ist der Gully vorzuziehen.

Wenn die Niederschläge auf besonders schweren Böden nicht abfließen, kann man die Sammelbehälter an das Fallrohr der Dachrinnenentwässerung anschließen. Wo genügend Kies vorhanden ist, kann man aus übereinander gelagerten Betonringen einen Sickerschacht anbieten.
Nicht zuletzt sei an die Möglichkeit erinnert, das abfließende Niederschlagswasser in einer Zisterne aufzufangen und mittels einer Pumpe als Gießwasser verfügbar zu machen.
Gullys, Entwässerungsrinnen und andere Schachtabdeckungen sind möglichst geschickt zu integrieren. Es ist gestalterisch reizvoll und arbeitstechnisch äußerst praktisch, solche Elemente mit kleineren Pflastersteinen zu umrahmen.

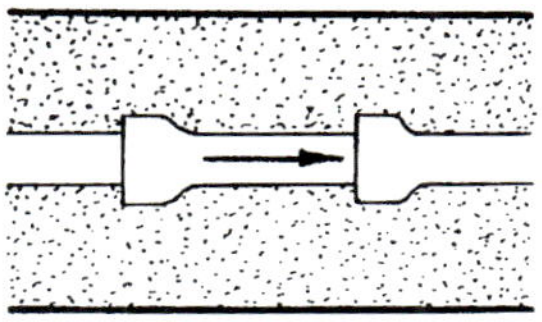

**Verlegen von Entwässerungsleitungen**

Gearbeitet wird immer vom tiefsten Punkt aus. Das ist natürlich der Gully oder die Rinne, in die das Wasser

*Um das Wasser in einer Rinne aufzufangen, genügt ein einseitiges Gefälle.*

abfließen soll. Erst ganz am Schluß wird gepflastert.
Die umschließenden Teile des Behälters bestehen aus Beton und sollten auf einem 10 cm starken Betonfundament plaziert werden, damit sie nicht absinken. Andererseits ist darauf zu achten, daß auch die Umgebung nicht im Laufe der Zeit absinkt, so daß am Schluß der Gullyabfluß höher wäre als die gepflasterte Fläche. Deshalb ist hier besonders auf gute Verdichtung zu achten.
Rinnen mit gußeiserner Abdeckung gibt es in 50 und 100 cm Länge, teilweise ist bereits ein Gefälle eingebaut. Oft genügt ein Gitterrost als Abdeckung. Recht hübsch lassen sich auch flach halbrunde, offene

Rinnen in die Pflasterung integrieren.
Wo ein Anschluß an die Kanalisation unumgänglich ist, zum Beispiel an Tiefpunkten im Gelände oder auf Tonböden, muß dies rechtzeitig bedacht werden. Umfangreiche Entwässerungen mit Kanalanschluß sollte man von Fachleuten durchführen lassen.

# Der Wegrand

Nicht nur die Gefahr des Abrutschens spricht dafür, daß man den Wegrand befestigt und mit besonderen Randsteinen versieht. Solche Einfassungen geben der Wegkonstruktion oder Terrassenfläche optischen Halt und lockern die Struktur ansonsten eintöniger Belagsmuster auf. Allerdings können sie auch etwas streng wirken, weil sie keinen locker verspielten Wegrand zulassen. Natursteinplatten zum Beispiel werden deshalb in der Regel nicht umrahmt. Auch andere Platten lassen sich am Rand abstufig mit der benachbarten Fläche verzahnen. Besonders lebendig wirken von Pflanzen überwallte Ränder. Verzahnte Ränder lassen eine kleine Fläche größer erscheinen. Bei großen Plätzen in größeren Gärten sind in der Regel ruhige, klarere Linien gefragt.
Einfassungen bestehen nicht immer aus denselben Materialien wie der Belag. Wassergebundene Kieswege rahmt man meist mit großen Pflastersteinen ein. Beton-Leistensteine oder Beeteinfassungen als Abschluß sind relativ billig und verursachen wenig Aufwand – sind aber auch vom Charakter mehr praktisch als charmant. Große Betonplatten oder Pflaster werden gerne mit zwei (bei breiteren Flächen drei) Reihen kleinen Pflaster umfaßt, eventuell auch mit einer Reihe Großpflaster. Kleinpflaster kann ebenso mit Kleinpflaster umrahmt werden – Hauptsache, die Farben oder Muster unterscheiden sich deutlich.

*Ein Kiesweg wird gerne mit Großsteinpflastersteinen eingefaßt.*

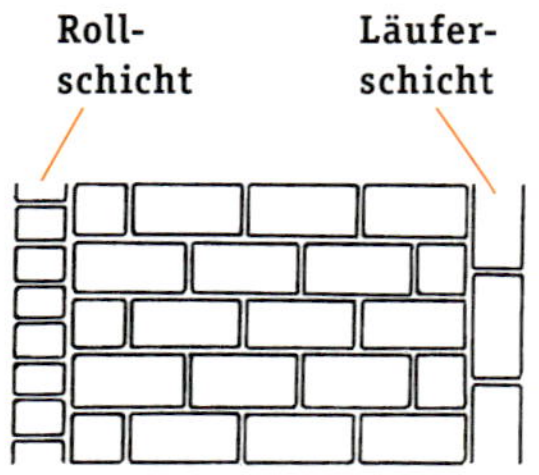


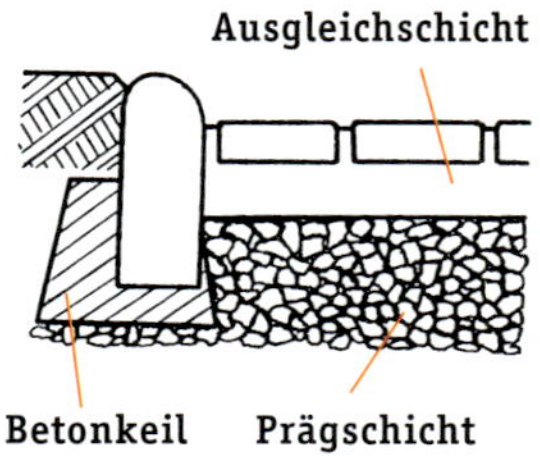


**Randausbildung mit hochkantverlegten Beton-Leisten**

Solch eine Einfassung kann die Wasserabführung übernehmen.
Ebenerdige, bündige Einfassungen sind insbesondere am Rand von Rasenflächen zu bevorzugen, um das Mähen zu erleichtern. Blumenbeete hingegen können mit einer erhöhten Umrahmung abgegrenzt werden. Manchmal sind auch die Beete selbst durch ein stufenartiges Mäuerchen erhaben.
Kleinteilige Randeinfassungen können komplett in ein 5 bis 10 cm starkes Mörtelbett verlegt werden. Dazu mischt man feinkörnigen Betonkies 0/8 bis 0/16 oder Sand im Verhältnis 4:1 mit Zement. Der Mörtel muß relativ trocken sein, um den Steinen genügend Halt zu bieten. Er wird etwas überhöht aufgetragen, die Steine klopft man dann mit dem Gummihammer auf die endgültige Höhe. Innen und außen sollte der Mörtel auf zwei Drittel der Steinhöhe hochgezogen werden. Nach innen darf er nicht den Belag behindern.
Einfassungen setzt man vor dem Wegbelag. Dazu müssen natürlich die Breite mitsamt den Fugen sowie das Gefälle möglichst genau berechnet sein. Um den Wasserabfluß sicherzustellen, sollte der Rand eher 1 cm tiefer liegen als der Belag. Fugen werden so vorgesehen, wie es dem Material auch bei Wegen entspricht. Kreuzfugen sind in der Einfassung zu vermeiden.
Wie oben erwähnt, soll der Untergrund 10 cm breiter ausgehoben und mit einer Tragschicht versehen werden. Manche Ränder brauchen eine tiefere Aushebung als der Belag.
Als zusätzlichen Halt können die Randsteine eine sogenannte „Rückenstütze" erhalten. Das heißt, man legt einen Betonkeil unter: Nachdem der Beton entlang des äußeren Rands verteilt wurde, wird er mit der Kelle bis knapp unter der Steinoberfläche angedrückt und nach oben abgeflacht. Erst wenn er etwas angetrocknet ist, darf verdichtet werden.

*Die Begrenzung mit Blumen ist vorbildlich, der Unterbau nicht.*

*Eine preisgünstige und phantasievolle Lösung: kopfüber eingegrabene Flaschen.*

## Abmessen und abstecken

Vor Beginn der Arbeit werden die Wegränder nach Maßgabe des Plans abgesteckt. In einem ersten Schritt kann man sie mit Steinchen, Sand oder Schnüren auslegen und noch einmal überprüfen. Zum „professionellen" Abstecken werden Eisenstangen oder auch angespitzte Holzpflöcke mit einem Fäustel eingeschlagen, und zwar möglichst senkrecht und knapp neben der eigentlich zu bearbeitenden Fläche – damit sie

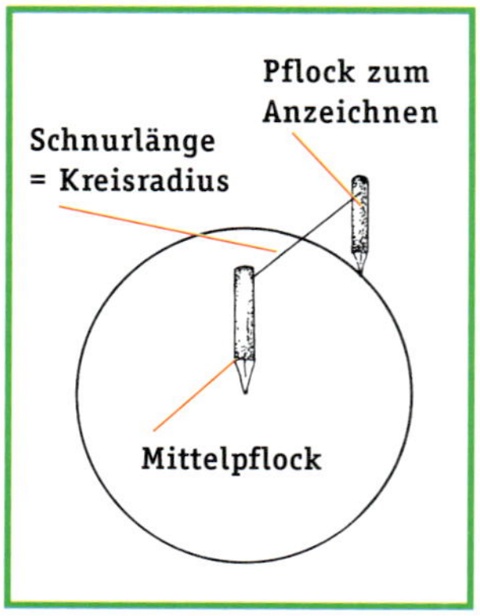


nicht im Weg sind. Bei geraden Wegen genügen Abstände von 5 bis 6 m, damit die Schnur nicht durchhängt. Runde Formen werden in kurzen Abständen, etwa jeden Meter, markiert. 90-Grad-Winkel können einfach mit dem Rechten Winkel überprüft werden. Kreisformen lassen sich leicht abstecken, indem man einen Pflock in das Zentrum steckt und eine Schnur daran befestigt, die genau dem Radius des gewünschten Kreises entspricht. Mit einem angespitzten Pflock am anderen Ende der Schnur kann die Form im Untergrund eingeritzt werden. Harmonisch geschwungene Formen sind zu erreichen, indem man einen Gartenschlauch auslegt, der durch seine innere Spannung

*Wegrand und Höhenverlauf werden mit Schnüren markiert.*

*Zum Messen an unzugänglichen Stellen nimmt man Richtlatten zu Hilfe.*

nicht beliebige Krümmungen, sondern vollendete Rundungen produziert.
Nicht nur der Verlauf des Weges, also die Außenmaße, sind entscheidend für die Baumaßnahmen, sondern auch seine Höhe und letztlich sogar das Muster. Deshalb wird die Randmarkierung mit Schnüren verbunden, welche den Höhenverlauf des künftigen Wegbelags abbilden.
Die Ausgangsmessung für die Höhe erfolgt am höchsten Punkt. Auf einem ebenen Grundstück ist das häufig ein Hauseingang, von dem das Wasser wegfließen soll. Von Türschwelle, Garagentor oder Lichtschacht ausgehend, wird dann der Belag mindestens 1 bis 2 cm tiefer geplant.
Direkt an dieser Stelle wird eine Stange eingeschlagen und in entsprechender Höhe die Schnur festgebunden. Mit Hilfe der Wasserwaage und einer Ölkreide kann man nun an den nächsten Stangen jeweils dieselbe Höhe markieren. Wenn man nun die Wegstrecke dazwischen mißt und das gewünschte Gefälle berechnet (siehe S. 21), erhält man die tatsächliche Höhe des geplanten Weges, die neuerdings durch die Schnur gekennzeichnet wird. Es ist darauf zu achten, daß sie gut gespannt bleibt. Wer ein Nivelliergerät hat und damit umgehen kann, tut sich leichter bei der Höhenmarkierung. Auch mit einer Schlauchwaage geht es.
An Stellen, wo der neue Belag mit einem älteren zusammenstößt, sollte man eher einen halben Zentimeter höher planen. Denn der neue Belag kann sich mit der Zeit noch ein wenig setzen. Das Muster muß erst gekennzeichnet werden, wenn Trag- und Ausgleichschicht ausgebracht sind.

## Ausheben und planieren

Die Tiefe des Aushubs (in Relation zur Höhe des Wegs) ergibt sich also aus der Höhe der Tragschicht, die von Boden und Nutzung abhängt, plus Ausgleichschicht plus Höhe des Belags, minus 2 cm, die bei der Verdichtung des Untergrunds gleich wieder hinzugewonnen werden. Dabei ist auch immer das Gefälle mit einzubeziehen. Links und rechts des Weges wird jeweils 10 cm über den geplanten Rand ausgekoffert.

Störende Pflanzungen sind rechtzeitig zu roden. Bäume oder Sträucher können mit ihrem Wurzelstock erheblichen Aufwand verursachen. Bei größeren Flächen empfiehlt es sich, für den Erdaushub einen Kleinbagger zu Hilfe zu nehmen. Aber Achtung: Bei feuchten Verhältnissen kann der Untergrund dabei zu stark verdichten!

*Um die Schicht gleichmäßig abzuziehen, kann man Rohre unterlegen.*

Auch der Antransport des Belags durch schwere Fahrzeuge kann zu solchen Schäden führen, die später den Pflanzen eine Durchwurzelung des Erdreichs erschweren.

Der oberste Mutterboden ist möglichst pfleglich zu behandeln und getrennt zu lagern, weil er die Schicht darstellt, in dem die Pflanzen gedeihen.

Kleine Unebenheiten von plusminus 2 cm stören nicht beim Untergrund. Größere Geländeunebenheiten müssen bei Bedarf durch Abfuhr bzw. Auffüllen ausgeglichen werden. Denn im günstigsten Fall sind die befestigten mit den umgebenden Flächen bündig.

### Gut gestampft ist halb gebaut

Untergrund und Tragschicht müssen immer sorgfältig verdichtet werden, damit sich der Boden im Laufe der Zeit möglichst wenig senkt. Zu diesem Zeitpunkt darf er nicht zu wäßrig sein.

Gartenprofis verwenden dazu sogenannte Rüttelplatten – schwere Motorgeräte, die durch Vibration

*Das Ziel: Stabile Wege und großzügige Flächen, die mit der Umgebung harmonieren.*

den Untergrund zusammenstampfen. Für Geh-wege im Garten genügt auch ein Handstampfer, eine etwa buchgroße Eisenplatte mit langem Stiel, so daß man die Schichten im Stehen festklopfen kann.
Während der grobkörnige Rundkies (0/32) beim Verdichten etwa 2 cm zusammensinkt und entsprechend höher aufgetragen werden darf, gibt Splitt (Körnung 2/5) kaum mehr nach und sollte möglichst genau nach Bedarf eingeschüttet werden. Die Ausgleichschicht wird sowieso erst zusammen mit dem Belag verdichtet.

## Abziehen der Trag- und Aufbauschicht

Für Platten und Formsteine sollte der Untergrund vor dem Verlegen perfekt geebnet sein – zuerst die Tragschicht, dann der Sand.
Dazu wird links und rechts des Weges je ein Rohr (3/4 Zoll) oder etwas ähnlich Geradliniges ausgelegt. Bei der Tragschicht geschieht dies 1 cm über der gewünschten Höhe der jeweiligen Schicht, denn anschließend wird noch verdichtet. Eine ebenfalls gerade Richtlatte wird beiderseits aufgelegt und über die großzügig aufgefüllte Schicht „abgezogen". Das überschüssige Material zieht man dabei vor sich her, Lücken müssen umgehend nochmals aufgefüllt werden. Nach dem Abziehen nimmt man die Rohre heraus und füllt die entstandenen Rillen rechtzeitig vor dem Verlegen.

## Werkzeug und Hilfsmittel

Im Prinzip kann man beim Pflastern mit relativ wenig speziellen Werkzeugen auskommen. Viele davon sind bereits im Bastelraum der meisten Haushalte vorhanden. Wenn man sich zur Anschaffung des einen oder anderen Geräts entscheidet, lohnt es sich meistens, nicht nur auf den Preis, sondern auch auf die Qualität zu achten.

### Werkzeug zum Vermessen und Markieren

- Maßband oder Meterstab
- Rechter Winkel (zum Einrichten von Ecken)
- Richt- oder Setzlatte (mind. 2 m, völlig gerade, zum Abziehen)
- Schnur
- Pflöcke oder Eisenstangen (zum Spannen der Richtschnur)
- Fäustel (zum Einschlagen)
- Ölkreide (zum Anzeichnen)
- Wasser- oder Schlauchwaage oder Nivelliergerät (Meßgerät für Fachleute)

### Werkzeug für Erdarbeiten

- Schaufel/Spaten
- Spitzhacke
- Rechen
- Schubkarre
- evtl. Minibagger

### Werkzeug zum Verlegen

- Handstampfer (zum Verdichten) oder
- Rüttelstampfer/-platte (schwere, motorbetriebene Geräte verdichten durch Vibration)
- Kelle (für Feinkorrekturen)
- Steinsäge oder Winkelschleifer („Flex", zum Zurechtschneiden von Steinen und Platten)
- Gummihammer (zum Anklopfen des Belags)
- Besen
- evtl. Knieschoner

### Werkzeug zum Bau von Holzdecks

- Hammer
- Säge
- Schraubenzieher
- Schrauben („Spaxen")
- Pinsel
- Holzschutzmittel
- Bohrmaschine mit verschiedenen Bohrern und Schraubaufsätzen

Damit sind natürlich nicht alle Arbeiten abgedeckt, die im Zusammenhang mit dem Wegebau anfallen.
Die wesentlichen, typischen Tätigkeiten jedoch lassen sich mit dieser Ausrüstung bewerkstelligen.
Größere Maschinen wie Minibagger, Rüttelplatte, Steinsäge, auch Nivelliergerät oder Betonmischer können beim Baumaschinen- oder Geräteverleih gemietet werden.
Häufig erweist es sich als sinnvoll, auch gleich Bedienungspersonal mit zu mieten. Damit lassen sich gezielt Einzelleistungen anfordern, die man ohne Hilfe nicht selbst ausführen kann.
Nach Gebrauch sollten die Geräte gesäubert und bei Bedarf gewartet werden.
Die Einhaltung der notwendigen Schutzmaßnahmen, zum Beispiel beim Einsatz eines Winkelschleifers (Handschuhe, Augenschutz), sollte selbstverständlich sein.

# Hilfsmittel zum Bau befestigter Wege und Flächen

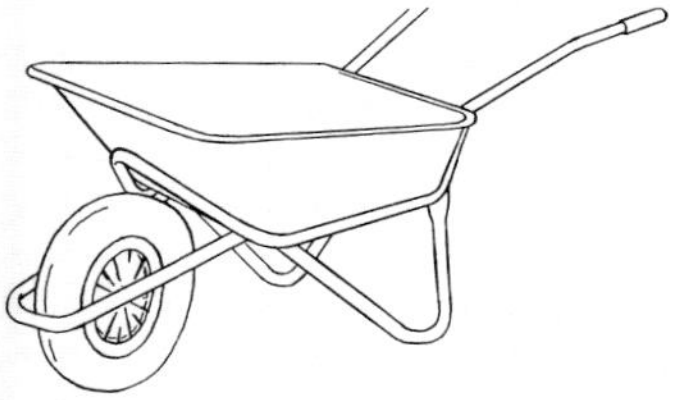

Schubkarre

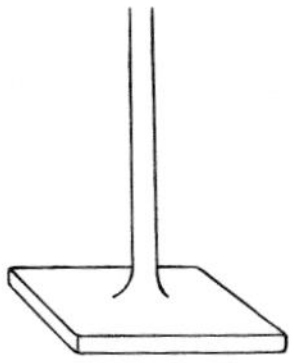

Handstampfer

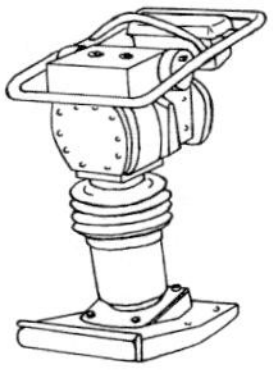

Rüttelstampfer

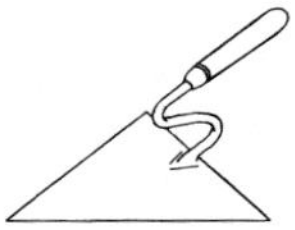

Kelle

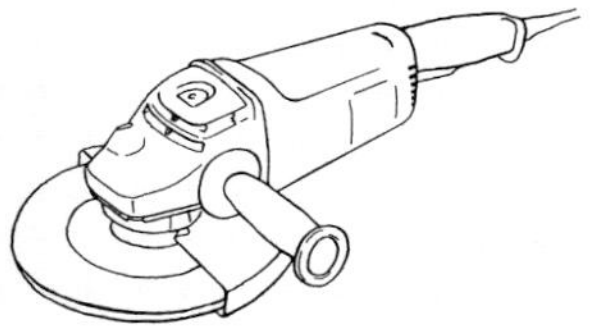

Winkelschleifer

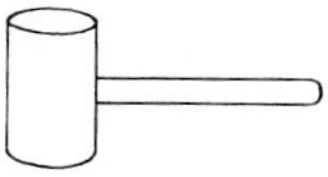

Gummihammer

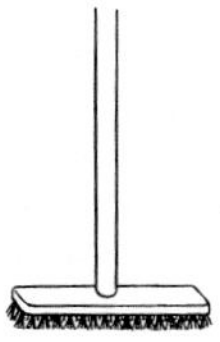

Besen

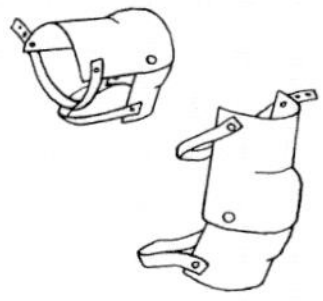

Knieschoner

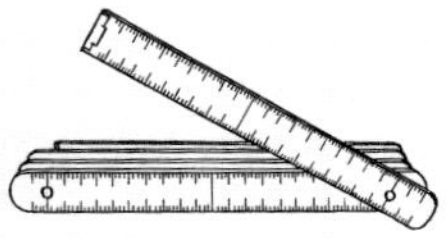

Meterstab

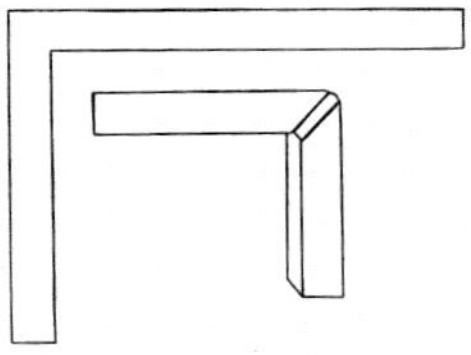

Rechter Winkel

Schnur und Eisenstange

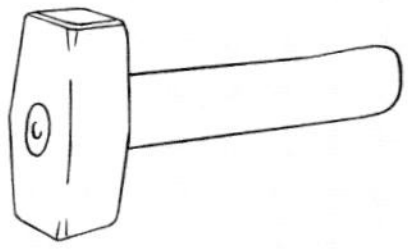

Fäustel

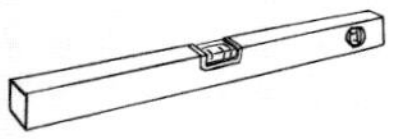

Wasserwaage

Schaufel

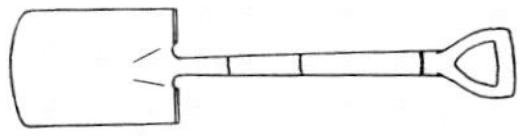

Spaten

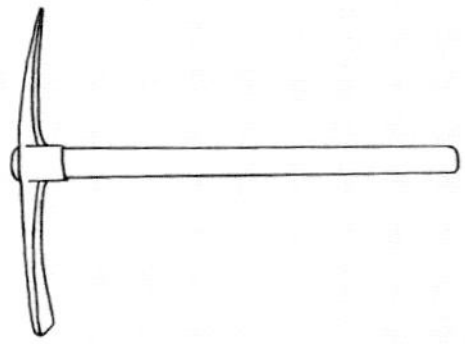

Spitzhacke

# Kunst- und Naturstein-Wege anlegen

## Grundlagen für richtiges Arbeiten

- Der Untergrund muß einheitlich eben sein. Auch die geometrischen Prinzipien eines Musters sollten deutlich erkennbar sein. Deshalb empfiehlt es sich, Regeln und Tips für die regelmäßige Verlegung gewissenhaft einzuhalten.
- Solange frostige Temperaturen herrschen, kann man keine Verlegungsarbeiten durchführen.
- Die Arbeit wird am Haus oder anderen wichtigen Plätzen begonnen. Von da aus geht es zu den Randbereichen.
- Während man beim Kleinpflaster rückwärts arbeiten muß, kann bei Platten und vor allem Verbundsteinen vorwärts gearbeitet werden. Vorwärts heißt: Der Verlegende bewegt sich auf dem bereits fertigen Belag, um nicht die gleichmäßig geebnete Aufbauschicht zu zerstören. Beim Pflastern dagegen kniet er in der Splitt- bzw. Sandschicht.
- Es empfiehlt sich, immer aus mehreren verschiedenen Belagslieferungen gleichzeitig zu arbeiten. Dadurch werden uneinheitliche Färbungen gleichmäßig auf der Fläche verteilt und führen nicht zu ungeplanten optischen Einschnitten.
- Mangels Erfahrung sollte man den frisch verlegten Belag jeweils aus verschiedenen Perspektiven betrachten und nach etwa drei Reihen wieder mit der Wasserwaage überprüfen.
- Wenn man die Belagsart wechseln will, so sollte man den Übergang am besten bei Richtungsänderungen oder an Kreuzungen einbauen.
- Unregelmäßige Lücken nie mit Bruchsteinen füllen! Das sieht in den seltensten Fällen gelungen aus und gefährdet die Stabilität. Statt dessen müssen Steine auf die entsprechende Größe zurechtgeschnitten werden.

*Natursteinpflaster wird rückwärts verlegt, also von der Ausgleichschicht aus.*

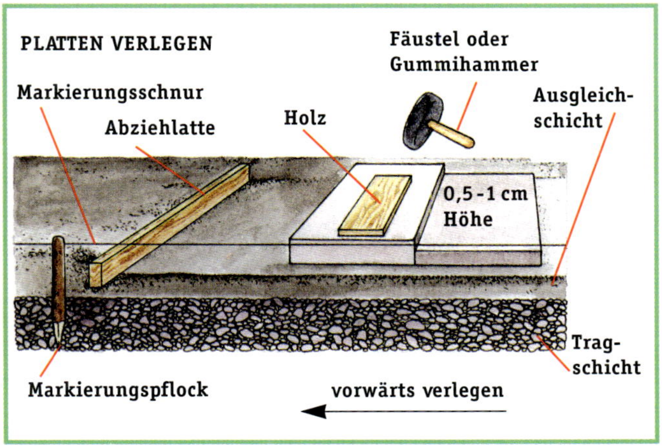


• Runde und geschwungene Formen sind bei allen Steinbelägen wesentlich schwieriger zu verlegen als gerade Linien. Im Zweifelsfall überläßt man solche Bereiche dem Fachmann.
Die Schwierigkeitsgrade beim Verlegen der verschiedenen Belage und Muster sind mit den Ziffern 1 (einfach), 2 (mittelschwer) und 3 (schwierig) gekennzeichnet.
• In der Regel werden die Beläge zum Abschluß nochmals abgerüttelt oder angeklopft. Dabei ist zum Beispiel durch Verwendung einer Gummimatte darauf zu achten, daß die Steine nicht beschädigt werden. Bei großen Flächen sollte von den Rändern zur Mitte hin gearbeitet werden.
Die meisten Formsteine werden palettenweise geliefert. Beim Händler können alle Zahlen und Maße erfragt werden, um den Mengenbedarf richtig zu berechnen. Dabei spielt auch die Verbandsart eine Rolle, zum Beispiel ob man spezielle Randsteine braucht oder nicht. Es empfiehlt sich daher in jedem Fall, lieber etwas zuviel zu bestellen und eventuell sogar einen kleinen Vorrat anzulegen, um bei Bedarf später problemlos Ausbesserungen oder Erweiterungen vornehmen zu können.

## Muster für Platten und Formsteine

Mit dem Muster kann man nochmal den Charakter und die Dynamik eines Belags variieren. Bestimmte Verlegarten werden zum Teil noch bei den einzelnen Belägen vorgestellt. Grundsätzliches sei hier vorbeugend erläutert.
Von Kreuzfugen spricht man, wenn sich vier Belagssteine so berühren, daß die Fugen eine klassische „Kreuzung" bilden. Diese Verlegung erfordert besondere Sorgfalt, weil bei dem geometrischen Muster Unregelmäßigkeiten schnell ins Auge fallen.
Als Römischen Verband bezeichnet man eine gemischte Verlegung, bei der es keine Kreuzfugen gibt

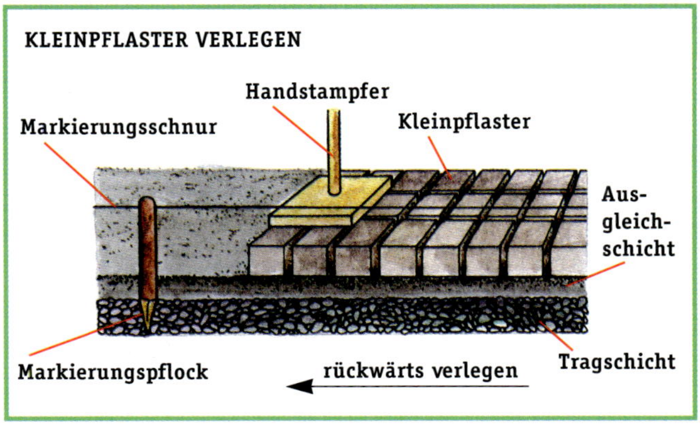

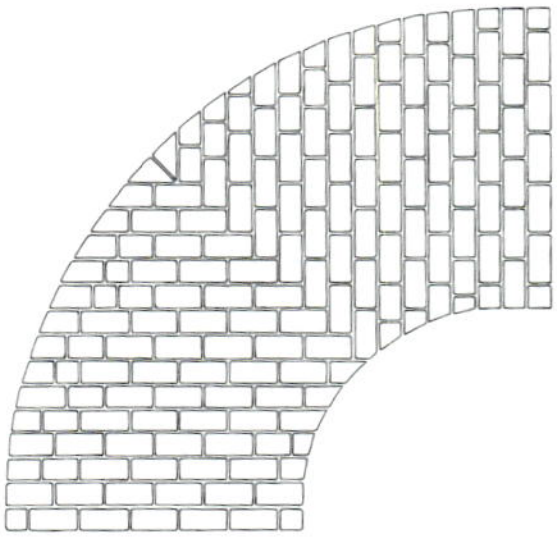

**So läßt sich ein 90-Grad-Bogen bewältigen**

und eine durchgehende Fuge möglichst nicht mehr als drei Platten berührt. Beim Streifenverband gibt es mehrere parallele Linien von Steinen in Gehrichtung. Das Schachbrettmuster ist gekennzeichnet durch zwei Farben quadratischer, abwechselnd ausgelegter Steine. Beim Fischgrät- bzw. Ellbogenmuster bilden die Steine rechtwinklige Muster. Während das Letztgenannte mit dem Rand abschließt, zeigen die Winkel beim Fischgrätmuster in Gehrichtung, weshalb angeschnittene Randsteine erforderlich sind. Das Verlegen ist da-durch wesentlich aufwendiger.
Runde, zentrierte Muster eignen sich hauptsächlich für Terrassen oder Hofflächen. Reihenmuster aus Pflaster- oder Betonsteinen passen zu langen, schmalen Wegen.

## Die Kunst der Fuge

Fuge und Belag müssen im richtigen Verhältnis zueinander stehen. Bei den meisten Steinen und Platten sind 3 bis 5 mm ideal – je kleiner der Stein, desto schmaler die Fuge. Lediglich beim Großstein-pflaster beläßt man etwa 1 cm. Auch vermörtelte Fugen dürfen etwas größer sein. Für Füllung der Fugen mit idealen Maßen eignet sich Quetschsand (auch „Brechsand") am besten. Bei großen Fugen zwischen 5 und 20 mm Breite sollte man zunächst Splitt der Körnung 2/5 einkehren, um anschließend mit Quetschsand einzuschwemmen und abzudecken. In die engsten Fugen mit 1 bis 2 mm paßt nur feinkörniger Quarzsand. Wird ausschließlich mit grobem Splitt verfugt, so sammelt sich in den weiten Poren mit der Zeit viel organischer Staub an. Und dieser bietet ideale Voraussetzungen für die Ansiedlung von Wildkräutern. Wer die Fugen gezielt begrünen will, der kann etwas Humus einschwemmen.

## Die Pflege im Laufe der Jahre

Die Pflege des Weges besteht neben der gelegentlichen Reinigung im Nachfüllen der Fugen und vor allem im Freihalten derselben von Bewuchs – wenn das gewünscht ist. Dies entspricht allerdings einer eher überholten Sauberkeits-vorstellung.
In stark bebauten Regionen fühlt sich das Auge weniger beleidigt als beglückt, wenn es auch im Fugenmuster des Weges grüne Zeichen der Lebendigkeit entdeckt. Ein anderer Fall liegt bei Kies- oder Mulchwegen vor. Hier wird Wildwuchs meist als störend empfunden.

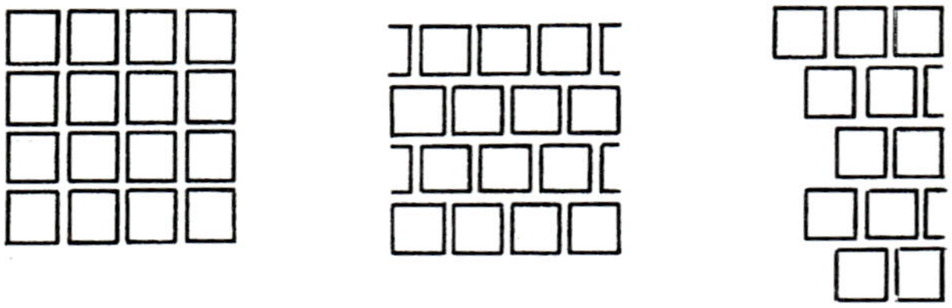

**Kreuzverband** **Streifenverband** **Verzahnter Rand**

# Kunststein

## Rasengittersteine

*Schwierigkeitsgrad 1*
Das Prinzip: Industriell gefertigte Betonsteine mit eingebauten Lücken, in die man Erde füllen und Rasen einsäen kann. Dadurch ist die Fläche befestigt, kann bei entsprechendem Unterbau sogar befahren werden und wirkt doch auf den ersten Blick natürlich bewachsen. Das Wasser versickert dabei ohne Gefälle in den Lücken.
Eine ähnliche Wirkung erzielt ein Schotterrasen.
Es gibt verschiedene Lochmuster, die in dichtem Verband gelegt werden und in der Regel 10 bis 12 cm stark sind. Durch den Verband und die bewurzelte Füllung wird die Stabilität zusätzlich gesichert.

- **Unterbau**

Für Gehwege 20 cm, für Einfahrten 35 cm Tragschicht; darüber 3–5 cm Auftrag. Aushub: 33 bzw. 48 cm tief.

- **Randgestaltung**

Damit der Rand vor allem bei Belastung durch Kraftfahrzeuge nicht absinkt, sollte man eine Randbefestigung vorsehen. Dazu gibt es Betonleisten in 50 oder 100 cm Länge, die man bündig oder hervorgehoben einbauen und mit einem Mörtelblock nach außen unterstützen kann.

- **Arbeitsgang**

Die Steine werden vorwärts verlegt. Anschließend füllt man die Kammern bis knapp unter der Oberfläche mit einer durchlässigen Erde-Sand-Mischung und sät ein, am besten mit Trockenrasen. Danach wird komplett aufgefüllt und in den nächsten Wochen wiederholt angegossen.

- **Gestaltungstip**

Am besten eignet sich ein solcher Belag zur Befestigung von Einfahrten und Besucherparkplätzen, die nicht dauerhaft genutzt werden.

- **Bedarfsberechnung und Bezug**

Je nach Form im Baustoffhandel.

*Rasengittersteine sind stabil und dennoch durchlässig für Wasser und Pflanzenwuchs.*

*Eine Vielfalt an Formen und Farben eröffnet nahezu unbegrenzte Gestaltungsmöglichkeiten mit Betonformsteinen – zu günstigen Preisen.*

## Betonformsteine

*Schwierigkeitsgrad 1*
Die Zahl der Muster und Farben nimmt ständig zu. Deshalb lohnt es sich, beim Baustoffhändler zur Anregung einige Prospekte mitzunehmen.
Es gibt Quadrate, Rechtecke, Sechsecke, Rundpflaster in verschiedenen Maßen, Wellen-, Tropfen-, Noppen- oder Fischform und nicht zuletzt die verzahnten Verbundsteine, wie Doppel-T oder viele andere Formen. Die Stärke beträgt in der Regel 6 oder 8 cm, aber es gibt auch dickere Steine. Besonders ansprechend sieht das sogenannte „gerumpelte Betonpflaster“ aus. Die Kanten dieser quadratischen Formsteine sind angeschlagen und erwecken dadurch den Eindruck eines altehrwürdigen Natursteinpflasters.
Verbundsteine können durch eine Art Reißverschlußsystem große Gewichtsbelastungen tragen und sinken auch am Rand kaum ab. Aufgrund der hohen Belastbarkeit genügt auch für Einfahrten eine Tragschicht von 20 cm. Mit kleinen Formaten kann man auf billige Weise Naturpflaster-Muster nachahmen.
Die Pflege gestaltet sich etwas aufwendig, weil die meisten Kunstbeläge von vornherein „ordentlich“ aussehen und bei Vernachlässigung diese ureigene Ausstrahlung verlieren würden.

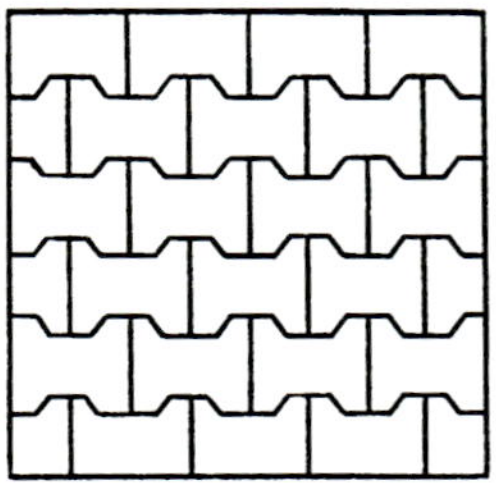

**Verbundsteine**

- **Unterbau**

Für Gehwege 20 cm, für Einfahrten 35 cm Tragschicht; darüber 3–5 cm Auftrag. Aushub: ca. 30 bzw. 45 cm tief.

- **Randgestaltung**

Für glatte Ränder gibt es Sonderformen. Unregelmäßige Lücken lassen sich durch kleines Natursteinpflaster oder zugeschnittene Steine füllen. Ein zusätzlicher Rand kann mit Betonkantensteinen gesetzt werden. Ansonsten empfiehlt sich zur Abstützung ein Mörtelkeil.

**• Verbundsteine: Sonderformen für alle Fälle**

An den Rändern sowie am Anfang und Ende des Weges sind bei Verbundsteinen Sonderformen zu verwenden. In der Baustoffhandlung gibt es Tabellen, mit deren Hilfe man die Zahl der benötigten Randsteine berechnen kann. Auch für Kurvenführungen müssen Sonderformen eingesetzt werden.

**• Arbeitsgang**

Die Verlegung erfolgt im Vorwärtsgang auf die geebnete Ausgleichschicht. Verbundsteine werden in der Regel dicht verlegt, ohne Fugen. Bei den rechteckigen Formen hingegen ist auf exakte Fugenführung zu achten, denn bei dem einheitlichen Material fallen Unregelmäßigkeiten besonders auf. Deshalb sollte man immer wieder kontrollieren. Nach dem ersten Füllen der Fugen muß der Belag nochmals mit einer gummigeschützten Platte abgerüttelt werden.

**• Gestaltungstip**

Mit solchen Belägen lassen sich exakte Muster bilden. Auf Dauer aber wirken sie eher leblos.
Zu große Flächenbelegungen sind daher zu vermeiden.

**Bahnenverband**

Aufgrund ihrer rauhen Oberfläche eignen sich Betonformsteine gut für rutschgefährdete Situationen.
Die häufigste Verwendung finden sie bei Einfahrten.

## Betonplatten

*Schwierigkeitsgrad 1*

Betonplatten sind relativ billig und ermöglichen durch ihre einheitlichen Maße ein einfaches Arbeiten. Von den Betonformsteinen unterscheiden sie sich durch die einheitlich rechteckigen und etwas größeren Formate.
Die Platten gibt es in mehreren Farben und Formen.
Die einfachsten Platten sind quadratisch im Format (30 x 30 bis 50 x 50 cm) und 4 bis 5 cm stark. Die etwas dickeren Terrassenplatten werden häufig in den Maßen 40 x 40 und 60 x 40 geliefert und sind 5 cm, vereinzelt auch bis 7 cm dick. Es gibt allerdings noch zahlreiche andere Maße.
Bei manchen Platten sind die Oberflächen behandelt.
Bekannt sind die Waschbetonplatten mit eingestreutem Rundkies oder auch sandgestrahlte Beläge.
Gelegentlich werden Naturstein-Zusätze aufgepreßt.
Im günstigsten Fall ähnelt dann auch die Wirkung einem Naturstein. Eingefärbte Oberflächen sind weniger zu empfehlen, weil sie rasch verbleichen.
Bei einheitlicher Stärke kann man verschiedene Arten verwenden, um ein abwechslungsreiches Bild zu erzielen. Eine allzu auffällige Farbzusammenstellung jedoch zieht mehr Aufmerksamkeit auf sich, als im allgemeinen erwünscht.
Mit etwas teureren Qualitäten ist man gegen Bruch und Abblättern der Oberfläche besser geschützt.

*Selbst Betonplatten müssen nicht langweilig verlegt sein.*

*Geradlinig und ordentlich – so führt ein Plattenweg zum Haus.*

**• Unterbau**

Für Gehwege ca. 25 cm, für Einfahrten 40 cm Tragschicht; darüber 3–5 cm Auftrag. Aushub: etwa 32 bzw. 47 cm tief.

**• Randgestaltung**

Beton-Leistensteine sorgen für einheitlichen Stil. Kleinpflaster bringen etwas Lebendigkeit ins Bild. Oft genügt es, den Rand mit einem Betonkeil abzustützen. In Wegkurven läßt man die Wegkante abgestuft verlaufen. Kleinere Lücken lassen sich mit Kies optisch attraktiv auffüllen.

**• Arbeitsgang**

Beginnend vom Haus wird vorwärts gearbeitet. Kleinere Formate sind aufgrund des Gewichts einfacher zu verlegen. Bei den großen Platten ist es umso wichtiger, daß sie vor allem an den Rändern satt auf dem Sandbett aufliegen. Dies läßt sich durch leichte Korrekturen mit der Kelle erreichen. Das Anklopfen erfolgt mit dem Gummihammer oder einem untergelegten Brett. Auch beim Abrütteln ist eine schützende Gummimatte erforderlich.

**• Muster**

Zumindest in einer Richtung, bevorzugt in der Längsrichtung, sollten die Fugen stets versetzt sein. Das bedeutet, daß am Rand halbe Platten benötigt werden. Kreuzfugen müssen aufgrund des einheitlichen Materials besonders exakt ausgeführt werden, wenn sie gut wirken sollen. Leichter tut man sich, wenn die Plattenreihen völlig aufgelöst und statt dessen im „Römischen Verband" verlegt werden.

**• Gestaltungstip**

Gestalterisch bilden die einheitlich grauen Wegplatten eine geradlinig ordentliche, aber etwas strenge Wirkung. Am besten eignen sie sich für große Terrassenflächen, da sie für Sitzmöbel den ebensten Untergrund anbieten. In einem eingewachsenen Garten werden harte Kanten von Polstern oder überhängenden Stauden aufgelockert.

**• Bedarfsberechnung und Bezug**

Aus den rechteckigen Formaten läßt sich recht einfach der Bedarf errechnen. Bezug beim Baustoffhandel.

**Römischer Verband**

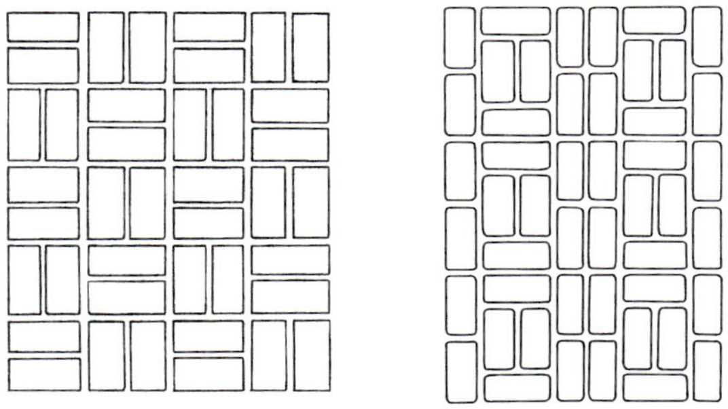

Block- oder Parkettverbund

## Klinker

*Schwierigkeitsgrad 2*
Während im südlichen Deutschland das Naturmaterial aus den Steinbrüchen vorherrscht, werden im nördlichen Teil gerne Klinker als Wegbelag verwendet.
Die hartgebrannten Ton-Formsteine nehmen keine Feuchtigkeit auf; sie sind daher frostsicher und sehr robust. Die roten und braunen, manchmal auch gelben und dunkleren Farbtöne sowie das kleinflächige Muster erzeugen ein eigenes Bild, das sehr gut zu vielen anderen Steinen wie auch zu den Pflanzen paßt.
Neben dem quadratischen Standard von 18 x 18, 20 x 20 und 24 x 24 cm gibt es mittlerweile eine große Bandbreite von Formaten – rechteckige Riegel ebenso wie kleine Pflasterwürfel oder Verbundklinker. Hinzu kommen eigene holländische Fabrikate. In der Regel sind sie 4 bis 7 cm stark. Auch die Oberflächen können sich durch verschiedene Strukturen unterscheiden. Lochklinker werden ähnlich wie Rasengittersteine durchwachsen und eignen sich gut für seltener benutzte Wege.

**• Unterbau**
Für Gehwege ca. 25 cm, für Einfahrten 35 cm Tragschicht; darüber 3 bis 5 cm Auftrag. Aushub: etwa 35 bzw. 45 cm tief.

Die Ausgleichschicht sollte möglichst kalkfrei sein, weil sonst eventuell mit der Zeit unschöne Ausblühungen sichtbar werden. Vorbeugend kann man Granitsplitt einfüllen. Zum Mörteln ist ausschließlich Traßzement zu verwenden.

**• Randgestaltung**
Bei diesen kleineren Steinen ist es wichtig, daß die Wegkante stabil ist. Gerne werden Klinker senkrecht als Randsteine eingebaut (Rollschicht, im Gegensatz zur längs verlegten Läuferschicht). Zur Stabilisierung unterlegt man sie mit einem Betonkeil oder lagert sie gleich in Beton. Hier ist natürlich ein tieferer Aushub erforderlich. Hübsch sieht es auch aus, wenn man an diese Stelle Natursteinpflaster setzt.

*Klinker passen mit ihren warmen Farben gut zu den Pflanzen.*

*Mit rötlichen Ziegeln lassen sich interessante Muster gestalten.*

- **Arbeitsgang**

Klinker werden vorwärts verlegt. Sie erhalten in der Regel Fugen von etwa 8 mm Weite. Wer eine dichtere Verlegung wünscht, wählt nicht die mit „F", sondern mit „E" gekennzeichneten Steine. Sie können auf 3 mm Fugenbreite gelegt werden. Eine dichte Verlegung verbietet sich, weil die gebrannten Steine nie hundertprozentig einheitlich sind. Am Schluß wird der Belag unter Verwendung einer Gummimatte o.ä. abgerüttelt.

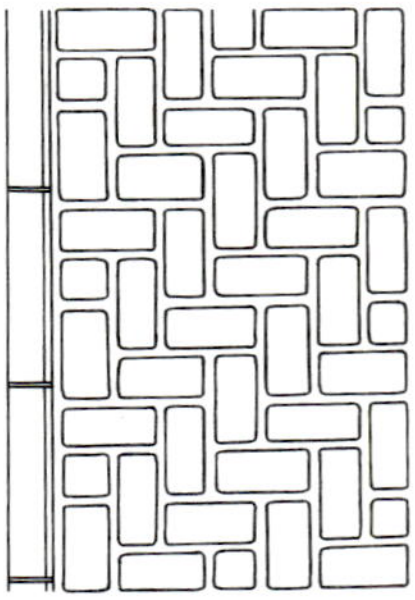

Ellbogen-/ Maurerverbund

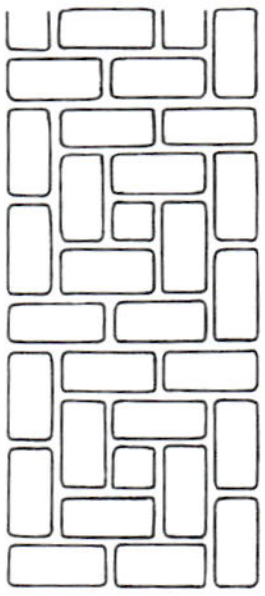

Mittelsteinverband

## TIP!

Eine beliebte und kostengünstige Version sind gebrauchte Ziegelsteine, die mit geschlossener Fläche nach oben auf die Tragschicht zu legen sind. Der Breite nach hintereinander ergeben sie gerade einen Weg von Trittbreite. Alternativ lassen sie sich auch längs als Beetrand verlegen. Die Wege dazwischen können dann mit Stein- oder Ziegelsplittern oder mit Kies aufgefüllt werden. Nicht zuletzt aufgrund verschiedener Farben wirkt eine solche Kombination recht individuell und lebendig. Für die Steine ist natürlich tiefer auszuheben als für die Splittschicht. Auf sehr leichten Böden müssen die Steine eventuell mit Lehm oder Mörtel gegen das Abrutschen ins Beet gesichert werden.

- **Muster**

Die Vielfalt der Muster erweitert sich gegenüber den Betonplatten, weil man Klinker zusätzlich der Länge oder der Höhe nach verlegen kann. Für versetzte Muster sind halbierte Steine notwendig.

• **Gestaltungstip**
Eher nicht in vollschattigen Bereichen verwenden, weil die Oberfläche dort leicht vermoost und glitschig wird.

• **Bedarfsberechnung und Bezug**
Beim Format 24 x 24 cm braucht man 16 Ziegel pro Quadratmeter, bei 20 x 20 cm 24 Stück. Geliefert wird in der Regel auf Paletten. Gebrauchte Klinker sind nicht zwangsläufig unschön, sondern gewinnen im Laufe der Zeit sogar eine gewisse Patina. Aufgrund der Ausfälle beschädigter Steine ist die Ersparnis allerdings meist gering, wenn man gebrauchte Steine kauft.

# Naturstein

## Natursteinpflaster

*Schwierigkeitsgrad 2 bis 3*
Die bekannten Pflastersteine werden in Steinbrüchen gewonnen und zu einheitlichen Formaten zerkleinert. Da dies nicht durch Schneiden, sondern Spalten geschieht, sind die Oberflächen nicht glatt und die Größen und Formen nicht völlig einheitlich. Kein Stein gleicht dem anderen. Das erschwert zum einen das Verlegen, hebt andererseits aber die ästhetische Wirkung des Materials und macht es so lebendig.
Gerade wenn man die aufwendige Verlegung berücksichtigt, stellen Natursteine den teuersten Belag dar.
Sie sind allerdings nahezu unbegrenzt haltbar und verlieren auch nach Gebrauch nicht an Wert, weil sie sich wieder neu verwenden lassen.
Grundsätzlich unterscheidet man zwischen Groß- und Kleinpflaster. Großpflaster-Würfel werden in der Regel in Sortierungen mit 12, 14, 16 und 18 cm Kantenlänge angeboten. Aufgrund des erläuterten Spielraums variieren die Formate etwa um 1 cm nach oben und unten, was sich in der fachgerechten Größenbezeichnung widerspiegelt: Man spricht von den Formaten 11/13, 13/15, 15/17 und 17/19 cm. Im Bereich von 7 bis 10 cm Kantenlänge handelt es sich um Kleinpflaster. Von 6/8 cm bis 9/11 cm findet man die nach jeweils 1 cm sortierten Formate. Unterhalb dieser Größenordnung spricht man genaugenommen von Mosaik(stein)pflaster. Es ist bis zu 5 cm Kantenlänge erhältlich.
Die Größe des Steins sollte auf die Fläche und die ge-wünschte Musterung abgestimmt werden.
In vielen Fällen bestehen die Pflaster aus dem Hartstein Granit, aber auch aus Basalt, Porphyr, Melaphyr oder Grauwacke. Daraus ergeben sich Unterschiede in Körnung und Farbe sowie hinsichtlich der Halt- und Bearbeitbarkeit. Wer möglichst gleichfarbige und würfelförmige Steine mit geringem Größenspielraum möchte, der muß Güteklasse I verlangen und

*Natursteinpflaster gibt es in allen möglichen Größen.*

entsprechend den höchsten Preis bezahlen.
Im Gegensatz zum Verlegen ist die Pflege bei Natursteinen weniger aufwendig als bei Betonsteinen. Denn sie müssen nicht so ordentlich wirken; Flechten, Moose und Wildwuchs passen sogar gut zum natürlichen Charme.

- **Arbeitsgang**

Das Verlegen von Naturstein-Pflastern erfordert viel Einfühlungsvermögen. Der entscheidende Unterschied zum Kunststein liegt in seiner Uneinheitlichkeit. Aus diesem Grund muß jeder Stein individuell auf die richtige Höhe gebracht werden. Wer über einen richtigen Pflasterhammer verfügt, schiebt dabei mit dem schaufelartigen Ende die Sand- oder Splittschicht auf die passende Höhe. Dann wird der Stein daraufgesetzt und leicht gleichmäßig festgeklopft, so daß er etwa 1/2 bis 1 cm über der vorgesehenen Endhöhe liegt. Für diese Anpassung braucht man die auf richtiger Höhe verlaufende Schnur am Rande. Durch Abrütteln oder Stampfen wird das Pflaster gleichmäßig auf die endgültige Höhe gebracht.
Je größer der Stein, desto höher darf die Bettung sein, desto gröber auch die Körnung des Splitts und desto breiter die Fuge.
Weil die Einzelsetzung ohne Verfugung äußerst instabil ist und es auch nicht auf eine glatte Aufbauschicht ankommt, wird beim Natursteinpflaster rückwärts gearbeitet, mit dem Blick zur bereits verlegten und dem Rücken zur freien Fläche.
Schon die Einhaltung gerader Zeilen ist mit den unregelmäßigen Steinen schwierig. Für den Laien gilt: so oft wie möglich kontrollieren! Dazu wird immer wieder die Lage zur Markierungsschnur geprüft und der Verlauf der Reihen mit der Wasserwaage kontrolliert. Notfalls spannt man in kleinen Abständen zusätzliche Schnüre quer zum Weg.
Werden als Lückenfüller gespaltene Steine benötigt, so kann man diese Aufgabe von Hand mit einem Flachmeißel erledigen.
Wenn das Pflaster besonders sicher liegen soll, kann man

## TIP!

Steinauswahl beim Verlegen:
Es empfiehlt sich, die Steine außerhalb und entlang der Wegmarkierung aufzuhäufen, damit sie immer greifbar sind, aber nicht die Arbeitsfläche belegen. Um die unterschiedlichen Größen der Steine aufzufangen, sollte man jeweils zwei oder drei Zeilen mit unterschiedlich großen Ausgangssteinen beginnen und die nächsten ihrer Größe entsprechend den Zeilen zuordnen.

*Der Steinvorrat wird am besten entlang der Arbeitsstrecke gelagert.*

es in Trockenmörtel verlegen. Das Vorgehen ist grundsätzlich dasselbe wie sonst. Allerdings muß bei trockener Witterung gearbeitet werden; durch Hinzukommen von Feuchtigkeit soll der Mörtel erst nach Vollendung langsam aushärten.

In die Fugen werden wie bei anderen Belägen Sand (evtl. 2:1 mit Erde gemischt) oder Splitt mit dem Besen eingekehrt und schließlich eingeschwemmt. Einen Teil sollte man jeweils gleich nach einigen Reihen einfüllen, um dem Belag erste Stabilität zu verleihen. Nur in Notfällen sollte mit Mörtel verfugt werden.

Verdichtet wird erst, wenn die Fläche fertig ist. Bei den robusten Pflastersteinen kann das Stampfen und Rütteln ohne Gummimatte erfolgen. Schließlich werden die Fugen noch einmal vollständig gefüllt.

Auch hier ist ein Muster zu bevorzugen, bei dem die Steine und Fugen von Querreihe zu Querreihe versetzt sind. Bei den unregelmäßigen Steinformen ist aber bereits dieses einfache Muster über größere Flächen schwierig durchzuhalten. Damit die Reihen exakt parallel sind, sollte man in regelmäßigen Abständen (z. B. 1 m) eine Schnur spannen.

Die Vielfalt an möglichen Mustern ist der Vorteil des kleinteiligen Pflasters. Besonders lebendig wirken improvisierte Muster mit verschiedenen Formaten und Farben. Rundliche Formen gehören zu den reizvollsten, aber auch verzwicktesten Aufgaben beim Verlegen (siehe S. 45). Bei solchen Mustern lohnt es sich, die Verlegung „auf dem Trockenen" zu üben, beispielsweise in einem ein bis zwei Quadratmeter großen Holzrahmen. So kann man frühzeitig erkennen, ob man mit der Eigenleistung zufrieden sein wird. Je größer die Fläche, desto schwieriger wird es für den ungeübten Laien.

• **Bedarfsberechnung**

Bestellt werden Naturpflaster nach Tonnen Gewicht. Kleine Steine haben einen wesentlich höheren Tonnenpreis; da aber mit dem gleichen Gewicht eine größere Fläche verlegt werden kann, gleichen sich die Preise ziemlich aus.

*Natursteinpflaster bietet sich an, um Rasenflächen zu erschließen. Großzügig verlegt, bleibt noch genug Platz für Grünes.*

## Beispiel Großpflaster

*Schwierigkeitsgrad 2*
Entsprechend dem Format werden Großsteine in größeren Gärten bevorzugt, wo sie besser zur Wirkung kommen. Im durchschnittlichen Garten bleibt ihr Einsatz auf die Randgestaltung beschränkt, denn dieses Pflaster eignet sich hervorragend zur Begrenzung von kleinerem Pflaster, von Betonplatten oder Kieswegen.

Für versetzte Fugen sind sogenannte Bindersteine erforderlich, die um einen halben Stein breiter sind als die normalen Würfel. Damit ersetzen sie die am Rand üblichen halbierten Steine. Meist sind sie zu einem Anteil von zehn Prozent einer Lieferung beigemischt.

**• Unterbau**
Für Gehwege ca. 20 cm, für Einfahrten 35 cm Tragschicht; darüber 5 cm Auftrag. Aushub: etwa 40 bzw. 55 cm tief.

### TIP!

Ein interessantes Einsatzgebiet für Großpflaster sind Rasenpflaster, meist für Garageneinfahrten. Zu diesem Zweck beläßt man zwischen den großen Steinen Fugen von 3 bis 5 cm Abstand, die mit Erde gefüllt und eingesät werden. Aufgrund des Gewichts liegt dieses Pflaster auch ohne enge Verfugung relativ stabil. Voraussetzung ist ein entsprechender Unterbau.

*Großsteinpflaster wirkt ruhig, stabil und natürlich.*

**• Rand**
Eine Reihe Großsteine wird sehr häufig als Umrahmung benutzt, manchmal auch zwei Reihen Kleinsteine. Da der Rand zuerst verlegt wird, nicht vergessen, geeignete Maße auf die Steingröße abzustimmen!

**• Bedarfsberechnung und Bezug**
1 t dieser Pflastersteine ergeben etwa 2,5 bis 3,5 $m^2$ – je größer die Steine, desto weniger. (Für das 14er Format braucht man etwa 42 Steine, für das 16er 35 und für das 18er 26 Steine pro $m^2$.)

*Für solche Kunstwerke mit Mosaikpflaster braucht man handwerkliches Geschick.*

## Beispiel Kleinstein- und Mosaikpflaster

*Schwierigkeitsgrad 3*
Mit kleinen Pflastersteinen lassen sich sicherlich die interessantesten Beläge gestalten. Bei geeignetem Unterbau hält das Material allen Beanspruchungen im Garten stand und ist sehr langlebig. Übergänge und Lücken lassen sich mit kleinem Material am problemlosesten füllen.

- **Unterbau**

Für Gehwege ca. 20 cm, für Einfahrten 35 cm Tragschicht; darüber 3 cm Auftrag. Aushub: etwa 30 bzw. 45 cm tief.

- **Rand**

Siehe Beispiel Großpflaster. Zur Stabilisierung kann man eine seitliche Unterstützung aus Mörtel einbauen. Zumindest sollte der Rand frühzeitig verfugt und verdichtet werden.

- **Ornamente**

Mittels verschiedenfarbiger Steine lassen sich alle Arten von Ornamenten gestalten. Der häufige Grauton kann zum Beispiel mit weißen oder rötlichen Steinen kombiniert werden. Es empfiehlt sich, bei komplizierteren Ornamenten am Schreibtisch einen Plan zu entwerfen, den man später auf Original vergrößert oder durch Segmentierung übertragen muß.

- **Wildsteinpflaster**

Diese Steine sind unregelmäßig gebrochen und nur grob sortiert. Sie müssen wie ein Puzzle frei verlegt werden. Dies erfordert Übung, zumindest aber ein gutes Auge für die Verwendung der einzelnen Steine. Der Belag wirkt äußerst lebendig, ist nicht allzu belastungsfähig und sollte auf kleinere Flächen beschränkt bleiben. Rand nicht vergessen!

- **Kreismuster**

Für ein Kreismuster wird zunächst ein Quadrat freigehalten, in dem der Kreis gerade Platz hat. Zwei Schnüre, zueinander im rechten Winkel durch den Mittelpunkt (oftmals ein Gully oder Schachtdeckel), markieren vier gleiche Kreissegmente.
Mit einer vom Zentrum gespannten Schnur in der Länge des Radius kann man dann die Kreisform anzeich-

nen. Der Kreisradius sollte ein Vielfaches von Steingröße plus Fugenbreite betragen. Entlang dieser Linie kann der Außenkreis gelegt werden, am besten in einem abgehobenen Farbton. Sodann arbeitet man sich Ring für Ring vom Zentrum zu diesem Rand. Innen sind bevorzugt schmal zulaufende Steinformen zu verwenden. Eventuell legt man zuerst die Diagonalen entlang der Schnüre aus und gibt damit die Reihen für die verschieden großen Steine vor. Aber erst ganz zum Schluß wird der Mittelstein gesetzt, der genau passen sollte, und die Fugen werden eingestreut.

- **Bogenpflaster**

Es ist viel Einfühlungsvermögen notwendig oder eine nahezu wissenschaftliche Berechnung, damit ein harmonisches Verhältnis zwischen dem Radius und den Abständen zwischen zwei Bögen entsteht. Laien ohne entsprechende Erfahrung sollten diese Arbeit besser Fachleuten überlassen. Schuppenpflaster ist noch komplizierter als Bögen.

Durch einen Pflock vom Zentrum des jeweiligen Bogens aus kann man mit einer Schnur den Halbkreis in der Aufbauschicht markieren. Es empfiehlt sich, Schnüre sowohl vom Ausgangspunkt zum höchsten Punkt des Bogens als auch zwischen den Schnittstellen mit den nächsten Bögen zu spannen, um Höhe und Verlauf möglichst ständig unter Kontrolle zu haben. Vom höchsten Punkt nach innen und nach außen werden die Steine immer kleiner gewählt. An den Rändern müssen sie wieder rechtwinklig anschließen. Auf geneigten Flächen werden Bögen so gesetzt, daß die Bogenzentren bergabwärts liegen. Durch die verkeilten Spitzen gewinnt die Konstruktion noch Stabilität mit der Zeit. Das Ganze sollte man zu Beginn umrahmen.

*Unterschiedliche Farben und Größen ermöglichen alle Arten und Muster.*

*Man kann Geld und Material sparen, wenn man die alten Betonplatten mit Mosaiksteinen kombiniert.*

- **Spirale**

Ausgangspunkt ist wieder das Zentrum einer quadratischen Fläche. Um eine harmonische Form vorzumarkieren, sollte man eine vorgefertigte Skizze zu Hilfe nehmen. Gearbeitet wird von der Mitte zum Rand hin. Die (oft farblich abgehobene) Spiralenreihe kann zur Stabilisierung in ein Mörtelbett verlegt werden.

- **Gestaltungstip**

Wie Großsteine werden auch Kleinpflastersteine gerne für die Randgestaltung benutzt, meist jedoch in zwei oder drei Zeilen. Sie vermitteln erfolgreich zwischen strengeren Belägen und der natürlichen Umwelt. Außerdem sind sie ebenso für Rasenpflaster zu verwenden, mit etwa 2 cm breiten Fugen. Natürlich braucht man auf diesen Flächen entsprechend weniger Steine. Die natürliche Wirkung der Kleinsteine befähigt sie besonders dazu, auch kleinen Gärten mit spärlichem Pflanzenbewuchs eine gewisse Lebendigkeit zu verleihen. Mit dem flexiblen Material können Vertiefungen, Aufwerfungen und Aussparungen befestigt werden. Daher eignet es sich hervorragend für Problem- und Übergangsbereiche. Baumscheiben lassen sich ebenso fachgerecht einbauen wie Wasserbecken. Obwohl auf Terrassen ein abwechslungreiches Muster besondere Beachtung fände, eignen sich die kleinen Steine hierfür weniger, weil die Sitzmöbel in den vielen Fugen zu wackelig stehen. Mosaikstein taugt am besten für kleine Flächen und für Zierleisten.

- **Bedarfsberechnung und Bezug**

1 t Mosaikpflaster 4/6 ergibt etwa 8,5 m$^2$, 1 t Kleinpflaster 8/10 etwa 5,5 m$^2$. Da diese kleinen Steine häufig in Bögen gelegt werden, sind üblicherweise auch trapezförmige Zwischengrößen einsortiert. Es lohnt sich daher, bei der Bestellung stets auch das vorgesehene Muster anzugeben. Eine vorsortierte Lieferung ist zwar teurer, erleichtert aber die Arbeit. Gebrauchte Straßenbeläge sind beliebt, weil die Oberflächen abgeschliffen sind, nicht mehr nachdunkeln und glatt-glänzend wirken. Wegen des zu erwartenden Ausschusses muß allerdings etwa 10 Prozent mehr Material geordert werden. Es ist also nicht nur zu säubern, sondern auch noch auszusortieren.

*Jeder Kieselstein muß individuell in ein Sandbett verlegt werden.*

## Beispiel Kieselsteinpflaster

*Schwierigkeitsgrad 2*
Mit diesem Material, das man auch selbst entlang von Flüssen oder in Kiesgruben sammeln kann, können sehr dekorative Böden hergestellt werden. Der Eigenbau ist nicht besonders schwierig. Allerdings beschränkt man sich im Garten meist auf kleine Muster oder Symbole, die an prominenter Stelle, zum Beispiel am Eingang oder vor der Haustüre, in andere Beläge eingesetzt werden und die Aufmerksamkeit auf sich ziehen.
Am häufigsten verwendet man dazu längliche, ovale Steckkiesel mit 10 bis 15 cm Länge. Im Kieswerk kann man oft auch andere Größen sowie halbierte Kiesel erhalten, die dann mit der Schnittseite nach oben einen ebenflächigeren Belag abgeben als Rundlinge.

- **Arbeitsgang**

Das Ornament sollte zumindest „auf dem Trockenen" geübt werden. Eventuell kann man eine Skizze anfertigen und Planquadrat für Planquadrat auf die Wegfläche übertragen.
Der Aufbau wird dazu genauso angelegt wie bei Kleinsteinpflaster: Tragschicht ab 20 cm und 3 cm Bettung. Wer sich bei der Arbeit ziemlich sicher ist, kann gleich in Mörtel oder Magerbeton verlegen (dann läßt sich nichts mehr korrigieren). Allerdings muß dann der Ablauf des Wassers durch ein Gefälle gesichert werden. Die Umrahmung sollte schon vorher fertig sein.
Für die Arbeit mit Trockenmörtel eignet sich nur trockene Witterung. Die Mischung aus Splitt und Sand mit Zement (4:1) wird auf den planierten Unterbau ausgelegt – jeweils nur auf Flächen, die man in kurzer Zeit verlegen kann. Darin lassen sich vorgesehene Muster markieren.
Die Steine setzt man möglichst eng und klopft sie dabei vorsichtig an. Wichtig ist, daß die Oberfläche der Steine in einheitlicher Höhe liegt. Das wird mit der Richtlatte überprüft. Schließlich wird der Mörtel mit Wasser gebunden und muß einige Tage aushärten. Die Fugen dürfen nicht bis oben geschlossen werden – unter anderem, weil ansonsten der schöne Schattenwurf verloren ginge. Beim Stampfen (ohne Mörtel) muß ein Brett zwischengelegt werden.

**Polygonalverband**

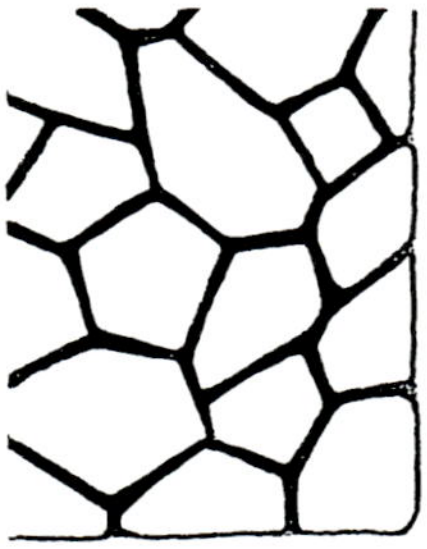

## Natursteinplatten

*Schwierigkeitsgrad 3*
Natursteinplatten eignen sich am besten für größere Flächen. Aufgrund der vielfältigen Ausgangsgesteine

**TRITTPLATTEN VERLEGEN**

**Rasen in Steinform abstechen und ausheben, Sand als Höhenausgleich unterlegen.**

lassen sich völlig unterschiedliche Wirkungen erzielen. Vor allem Steine mit gebrochenen Oberflächen wirken wesentlich malerischer als Betonsteine, sind aber auch erheblich teurer. Gut spalten lassen sich in erster Linie die Hartgesteine wie Granit, Gneis, Porphyr und Quarzit, vorwiegend in Grautönen. Auch Schiefer wird plattenweise gewonnen, obwohl er schon zu den weicheren Gesteinen gehört. Andere Sedimente wie Kalk- und Sandstein werden in der Regel gesägt, aber trotzdem zum Teil mit gebrochenen Kanten angeboten.

Kalksteine sind leider weder vollständig frost- noch säurefest; Salzstreuen sollte mit Rücksicht darauf unbedingt unterbleiben. Sie weisen meist gelbliche Farbtöne auf. Der mehr oder weniger porige Travertin gehört zu den Kalksteinen.

Auch Sandsteine, meist in rötlichen Farbtönen, gibt es bevorzugt in gesägten Formaten. Sie lassen sich leicht bearbeiten, lösen sich aber bei anhaltender Feuchtigkeit auf. Deshalb sollten nur härtere Sandsteine für Plattenbeläge verwendet werden.

Hartstein-Platten sind etwa 4 bis 5 cm stark, weichere Gesteine eher dicker. Damit sie stabil liegen, sollten die Platten mindestens 1/4 $m^3$, besser 1/3 $m^3$ messen. Dadurch ergibt sich auch eine ruhigere Flächenwirkung.

Rechteckig geschnittene Formate sind leichter zu verlegen, aber auch teurer als unregelmäßige. Eine Fläche aus natürlich wirkenden, bruchrauhen Platten, die trotz ihrer unregelmäßigen Formen mit schmaler

*Beim Wandeln über Trittplatten bleibt die Natur unberührt.*

Fuge verlegt sind, kann eine Augenweide sein. Nachteil: Selbst der beste Puzzle-Spieler wird nicht um Korrekturen herumkommen. Beim Verlegen müssen die Kanten bearbeitet werden, damit die Fugen nicht zu groß werden.
Enge Verfugungen sind unumgänglich, wenn man auf dem Belag Sitzmöbel aufstellen will. Um dies zu erreichen, sollte man in der Regel einen Fachmann zu Hilfe nehmen. Soll die Fläche befahren werden, empfiehlt es sich, die Platten in Zementmörtel zu verlegen.

**• Unterbau**

Für Gehwege ca. 25 cm Tragschicht; darüber 3–5 cm Auftrag. Aushub: etwa 32 cm tief.

**• Arbeitsgang**

Nachdem die Auflageschicht etwas überhöht ausgebracht ist, werden die Platten individuell in die Bettung eingelegt und mit einem Gummihammer waagrecht festgeklopft. Man arbeitet dabei rückwärts, von der unbelegten Fläche aus, und von innen nach außen. Die Belagsoberfläche ist wiederholt mit der Wasserwaage zu kontrollieren.

*Wer die Kanten sauber bearbeitet, kommt auch bei Natursteinplatten mit schmalen Fugen aus.*

Bei unregelmäßigen Kanten sind die Fugen nie so schmal wie bei gesägten. Notfalls müssen sie mit Hilfe eines Setzmeißels zurechtgestemmt werden. Wer über eine Steinsäge verfügt, darf Schutzbrille und Atemschutz nicht vergessen. Eine allzu glatte Schnittkante sollte man allerdings nochmals nachschlagen, damit sie natürlicher aussieht.
Abschließend wird Sand oder Splitt in die Fugen gekehrt und schließlich mit Wasser eingeschwemmt. Beim Verdichten sind die Natursteinplatten durch eine Gummimatte zu schützen.

**• Rand**

In der Regel verwendet man keine anderen Materialien zur Randgestaltung. Mit etwas Mühe kann man den Rand einer Plattenfläche aus Natursteinen einigermaßen gerade halten. Aber auch völlig ausgefranste Formen sind bei diesem Material erlaubt.

**• Bedarfsberechnung und Bezug**

Aufgrund der uneinheitlichen Formen, Größen und Stärken von Natursteinplatten muß der Bedarf mit dem Fachhändler abgestimmt werden.

## Kieswege

*Schwierigkeitsgrad 1*
Kieswege sind vorübergehend aus der Mode gekommen – zum Teil, weil sie relativ viel Pflege erfordern, aber auch weil sie nicht sehr gehfreundlich sind. Aber dafür sind diese elastischen Beläge billig und leicht anzulegen. Auch ge-schwungene Formen lassen sich unproblematisch verwirklichen. Vor allem verbreiten sie einen reizvollen altmodischen Charme, wie wir ihn von historischen Parkanlagen kennen.
Der Fachmann bezeichnet den Kiesweg als „wassergebundene Decke“, weil sie immer etwas feucht sein sollte, um stabil zu sein. Deshalb spült man immer wieder Sand in den Schotter, um eine Sogwirkung von unten nach oben zu ermöglichen.

*Je weiter weg vom Haus, desto natürlicher der Wegbelag.*

**• Unterbau**
Beim Kiesweg sind verschiedene Fraktionen erforderlich. Zuunterst eine etwa 10 bis 15 cm starke Lage aus grobem Kies (0/32) oder Grobschotter (40/60 – 32/56). Bei Einfahrten oder auf besonders schweren Böden dürfen es jeweils 5 cm mehr sein. Darüber nochmals etwa 5 cm Splitt (20/40 – 16/32), ersatzweise „Mineralbeton“ oder „Wegereparatur Splitt-Sand-Gemisch“. Die eigentliche Deckschicht braucht nur 3 cm hoch zu sein. Aushub: etwa 20 bis 30 cm tief. Oftmals werden auch mehrere Schichten aufeinandergefüllt, nach dem Prinzip: je weiter oben, desto feiner das Material.
Wenn man Kalksteingrus verwendet, bindet freiwerdender Kalk das verkeilte Material zusätzlich.
Wichtig ist bei Kieswegen eine Einfassung, sonst rutscht der Kies laufend in die benachbarten Wiesen und Beete.
Die Oberfläche soll leicht gewölbt angelegt werden, mit einer etwa zweiprozentigen Neigung nach beiden Seiten, damit Niederschläge gut zum Rand hin abfließen können. Ein zu steiles Längsgefälle hingegen ist zu vermeiden, weil der Kies sonst ständig abgetragen wird.

**• Rand**
Am häufigsten findet man eine Reihe Groß- oder zwei bis drei Reihen Kleinpflaster

**KIESWEG (Wassergebundene Decke)**

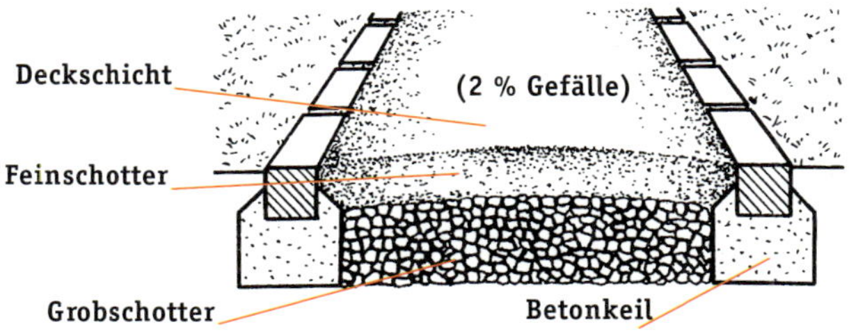

*Kies und Pflanzen bilden eine harmonische Einheit.*

als Rand eines Kieswegs, je nach Breite. Das sieht auch am hübschesten aus. Dadurch ergibt sich eine ebenerdige Mähkante zum Rasenrand. Dies läßt sich auf größeren Flächen auch durch rechteckige Platten erreichen. Für angehobene Einfassungen kann man Beton-Kantensteine verwenden.

• **Arbeitsgang**
Nach dem Ausheben und Verdichten des Untergrunds wird die Tragschicht aufgebracht und ebenfalls verdichtet. Dabei ist bereits die gewünschte Wölbung zu beachten. In die jeweiligen Schichten wird Brechsand eingeschwemmt, bis die Hohlräume dicht gefüllt sind. Ersatzweise läßt sich auch Lehm verwenden, in den die nächste, feinere Schicht gut eingestampft wird. Wichtig ist, daß sich die Schichten stabil ineinander verkeilen. Auf die Tragschicht sollte man zuerst den Rand setzen. Ergänzend zur Sandunterlage läßt er sich zur Umgebung hin durch einen Betonkeil stützen. Dann kommt die Splittschicht. Zum Verdichten wird gerne eine Walze benutzt. Darüber folgt schließlich der Deckkies, meist in einer Körnung bis etwa 8 mm (4/8), manchmal bis 16 mm (4/16), eventuell auch Splitt 5/8 oder 8/11. Zunächst sollte man nur einen Teil ausbringen. Durch gelegentliches Bewässern und Nachwalzen in den nächsten Wochen läßt sich eine ausreichende Bindung erreichen. Erst dann wird der restliche Kies nachgefüllt.

• **Gestaltungstip**
Verwendet man als Deckschicht Lehmsand, so entsteht ein sehr natürlicher Eindruck. Trotzdem wird dabei Kies als durchlässige Schicht unterhalb des Lehmsands benötigt.

• **Pflege**
Weil dieser Untergrund verunkrauten kann, ist seine Pflege etwas aufwendiger. „Natürlich" sollte man die aufkeimenden Unkräuter lieber regelmäßig abhacken oder bei Bedarf ausstechen (Löwenzahn), anstatt zur Spritze zu greifen.

**TIP!**

Ein Schotterrasen ist trittfest, sogar gelegentlich befahrbar. Hier sollen sich Pflanzen ansiedeln. Auf die unterste Grobschicht aus Kies oder Schotter füllt man zunächst etwa 10 cm mittelfeinen Schotter (16/32), der wiederum mit Sand eingeschwemmt wird. Die mindestens 5 cm starke Deckschicht aus Splitt muß mit Gartenerde oder Humus gemischt werden, damit sich darauf Gräser ansiedeln können.

## Gelungene Materialkombinationen

Wie schon in einem früheren Kapitel betont, ist ein zu großer Materialmix im Garten zu vermeiden, weil das eine unruhige Wirkung erzeugt. Auf der anderen Seite tragen gelungene Kombinationen besonders zur Lebendigkeit der befestigten Flächen bei. Die einfachste Möglichkeit wurde schon vielfach angesprochen: die Kombination eines Belags mit einem anderen Randmaterial. Am häufigsten werden dazu Pflastersteine verwendet. Betonsteine, Klinker oder Natursteinplatten wie Kies harmonieren gleichermaßen mit diesem Material. Es ist das wichtigste Bindeglied unter den verschiedenen Belägen. Randbereiche, an denen der Hauptbelag stark zerkleinert werden müßte, sind seit jeher ein wichtiges Einsatzgebiet für Kleinpflaster. Und auch bei Übergängen zwischen Haupt- und Nebenweg oder Wegen aus verschiedenen Materialien haben sich Zwischenzeilen mit Naturpflaster bewährt.

*Kleinsteinpflaster füllt die Lücken zwischen unregelmäßigen Natursteinplatten.*

## Ein Rand mischt sich ein

Einheitliche Beläge lassen sich noch weiter auflockern, indem man einzelne oder mehrere Zeilen von Klein- oder Mosaikpflaster mitten in die anderen Beläge einbaut. Einzelne Platten des größeren Belags können durch verschiedenfarbige Pflastersteine ersetzt werden, mit denen sich kleinflächige Muster legen lassen. Durch Wiederholung in regelmäßigen Abständen erzielt man abwechslungsreiche Variationen.
Klinker eignen sich ebenso wie Kleinpflaster vorzüglich zum Kombinieren mit Betonsteinen oder Großsteinpflaster. Der rötliche Farbton bringt Leben in den vielfach grauen Belagsalltag. Mit mehreren kräftigen Farben allerdings sollte man vorsichtig sein – sie wirken rasch aufdringlich. In der Regel beschränkt man sich daher auf ein einheitliches Zusatzmaterial.

## Auffällige Einzelstücke einstreuen

Eine einfache Möglichkeit der abwechslungsreichen Gestaltung besteht darin, innerhalb der vorherrschenden Formate einzelne Platgeringfügig, der Geldbeutel geschont. Aussortiert werden hauptsächlich beschädigte oder unschön verfärbte Steine und Platten. Ein weiterer Vorteil dieser Vorgehensweise: Die Bindung zu den übrigen Wegflächen, die nicht angetastet werden, bleibt erhalten, weil dasselbe passende Material wieder auftaucht. So lassen sich die Wegflächen des gesamten Gartens nach und nach erneuern.

*Fast künstlerisch wirkt es, wenn man alle Arten von Natursteinen kombiniert.*

ten oder Steine mit andersartiger Oberfläche einzustreuen.

Zum Beispiel könnte man Betonsteine eines mittleren Farbtons durch einzelne Steine aus hellerem Marmor oder dunklerem Basalt aufwerten. Der Fantasie sind kaum Grenzen gesetzt. Selbst bunte Fließen oder andere Steinreste lassen sich mit etwas Geschick in die Muster integrieren und sorgen für überraschende, erheiternde Effekte. Freilich sollte, wie schon oben betont, die Farbenfreude nicht übertrieben werden. Ein „Flickerlteppich" wirkt auf Dauer nur in Ausnahmesituationen erträglich, eventuell an einem Plätzchen, das ausschließlich für spielende Kinder reserviert ist.

## Alte Beläge mit neuen kombinieren

Materialmischungen bieten auch eine günstige Möglichkeit, um Geld und Material zu sparen. Denn bei der Neugestaltung eines alten Wegs kann das vorhandene Material, sofern es noch seine Funktion erfüllt, erneut verwendet werden. Triste und unansehnliche Gartenwege bekommen oft schon durch einen kleinen Anteil von Pflaster oder Klinker frischen Charme. Der Zukauf bleibt dadurch

## Mit unterschiedlichen Maßen arbeiten

Kompliziert wird die Mischung verschiedener Materialien nicht nur in ästhetischer Hinsicht, sondern auch beim Abmessen und beim Einbau. Wenn man nämlich, wie empfohlen, zunächst den Rand fertigstellt, sollten die Maße der Steinkombinationen möglichst genau bekannt

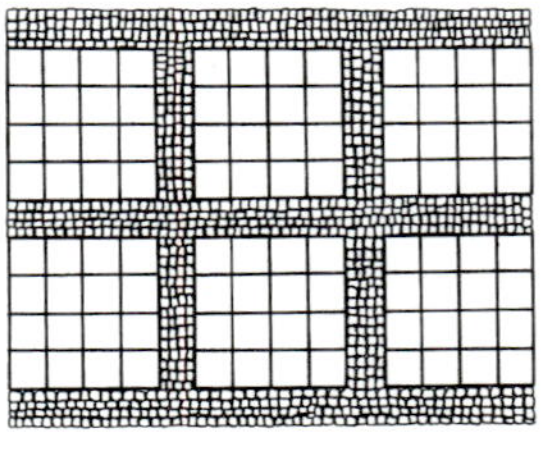

**Kombination Formsteine und Klinker**

sein. Es lohnt sich daher, vor Beginn der Arbeiten das Muster festzulegen und dessen Platzbedarf genau auszurechnen.
Zum anderen sind die Materialien meist nicht gleich hoch. Vom Arbeitsablauf her wäre es vielleicht optimal, wenn man zuerst die tieferen Pflastersteine oder Klinker setzt. Erst dann müßte die Restfläche mit einer Zusatzschicht Sand aufgefüllt werden, um die flacheren Platten zu verlegen.
Man sollte bei dieser Arbeit jedoch der Ästhetik Vorrang gewähren. Denn die Platten sind ja der Hauptbelag und die Pflaster oder Klinker nur die zusätzliche Verzierung. Deshalb empfiehlt es sich, von vornherein eine ausreichend hohe Aufbauschicht auszubringen. Nachdem das Grundmuster mit dem Hauptbelag gelegt ist, muß man die Füllsteine wenn nötig etwas tiefer in diese Schicht hineinarbeiten.

## Kombinieren mit Natursteinen

Die Kombination von Natursteinen mit Pflaster oder anderen gleichförmigen Belägen kann Wirkungen erzielen, die schon fast künstlerischen Ansprüchen genügen. Dafür sind auch die Ansprüche an das gestalterische und handwerkliche Geschick hoch. Um die kleineren Steine so um die unregelmäßigen Natursteine anzuordnen, daß sie die vorhandene Wegfläche optimal ausfüllen und gleichzeitig kein beliebiges Durcheinander bilden, ist Routine von unschätzbarem Vorteil. Auf dem Papier lassen sich entsprechende Muster nur unvollständig vorwegnehmen. Dennoch sind konzeptionelle Vorüberlegungen auf jeden Fall empfehlenswert. Dabei kann man zum Beispiel Linien in einheitlichem Farbton oder Tupfer mit helleren oder dunkleren Steinen in einem bestimmten Rhythmus festlegen.

*Eingelegte Fliesen veredeln das Muster.*

# Holzwege anlegen

Holz stammt wie die Umgebung des Gartens aus dem Pflanzenreich und fügt sich daher besonders harmonisch in die Gestaltung ein. Es hat einen ausgeglicheneren Wärmehaushalt als Stein und ist angenehm zu begehen. Zerkleinerte Rinde paßt hervorragend auf naturnahe Wege zwischen Gehölzgruppen. Geschlossene Holzböden jedoch sind in schattigen Lagen problematisch, weil sie bei Feuchtigkeit leicht glitschig und dadurch zur Gefahrenstelle werden.
Als organisches Material unterliegt Holz Veränderungen, die bei der Verwendung zu berücksichtigen sind. Holz „arbeitet" nämlich: Es quillt auf, wenn es feucht wird, und schrumpelt bei Trockenheit. Diese Eigenschaft hängt von der Art des Holzes ab. Das harte Eichenholz ist äußerst widerstandsfähig, ebenso wie manche tropischen Hölzer (die nicht verwendet werden sollten, um den Regenwald zu erhalten). Ein Kompromiß ist die aus Amerika importierte Rot-Zeder. Dieses Holz schützt sich durch seine natürlichen Inhaltsstoffe selbst.
Nadelhölzer sind in der Regel weniger hart, eignen sich aber trotzdem für die Verwendung im Außenbereich. Die Lärche gehört noch zu den robusteren Nadelholzarten. Außerdem ist der Kern eines Stamms weniger empfindlich gegen Veränderungen als das Splintholz vom äußeren Stamm.

## Holzschutz

Eine Imprägnierung ist nur erforderlich bei direktem Kontakt mit der feuchten Erde. Holzpflaster wird in der Regel „kesseldruckimprägniert" angeboten. Das heißt, daß Chrom-Kupfer-Salze mit hohem Druck in das Holzinnere gepreßt wurden. Auf diese Weise ist das Holz bis in die Tiefe geschützt, während Schadstoffe nur in äußerst geringen Mengen an die Umgebung abgegeben werden. Sollte durch diese Technik eine unerwünschte Grünfärbung entstehen, kann man mit einer braunen Lasur nacharbeiten.

*Ein Pfad aus einzelnen Rundhölzern wirkt fast wie gewachsen.*

Bei Hölzern, die nicht direkt mit dem Erdreich in Kontakt stehen und gut abtrocknen können, ist ein Holzschutzanstrich in der Regel nicht erforderlich. Kosten und Aufwand dafür wären größer, als wenn man die Holzkonstruktionen ausbessert, sobald irgendwelche Mängel auftreten.
In beschatteten oder windstillen Lagen jedoch kann die Nässe nach Niederschlägen nicht so rasch abtrocknen. Dies gilt auch für das relativ ebene Holzdeck. Außerdem sind direkt dem Boden aufliegende Kanthölzer besonders gefährdet. Heimische Hölzer in solchen Funktionen müssen deshalb in der Regel imprägniert werden. Aus Gründen des Umweltschutzes sind Holzschutzmittel möglichst zurückhaltend zu verwenden. Wer kein vorimprägniertes Bauholz bekommt, muß selbst den Anstrich aufbringen.
Die Hölzer sollten vor Beginn dieser Arbeit auf die richtigen Maße zugeschnitten sein, damit die später angebrachten Schnittstellen nicht unbehandelt bleiben. Wasserlösliche Mittel auf Salzbasis sind am verträglichsten für die Umwelt und insbesondere für die benachbarten Pflanzungen.
Allerdings sollte der Anstrich alle zwei bis drei Jahre erneuert werden. Auch bei einer färbenden Lasur kann das Holz atmen, bei etwas geringerer Schutzwirkung.
Zur Nachbehandlung verwendet man oft Öl- und Salzgemische. Sie lassen sich auch zum Färben einsetzen. Carbolineum und Teerölpräparate signalisieren schon durch den unangenehmen Geruch ihre durchschlagende, aber auch schädliche Wirkung. Von deckenden Farbaufträgen ist eher abzuraten, weil sie vor einem Neuanstrich völlig entfernt werden müssen. Diesen Aufwand wird man nur in Einzelfällen aus gestalterischen Gründen auf sich nehmen.

## Holzpflaster

*Schwierigkeitsgrad 2*
Dieser Belag ist in erster Linie für sonnige Lagen geeignet, wo die Oberfläche rasch abtrocknen kann. Im Schatten wird ein solcher Untergrund fast immer glitschig.
Rundhölzer (Hirnholz) werden in sortierten oder gemischten Formaten in den Baumärkten angeboten. Die Höhe bewegt sich zwischen 10 und 15 cm, der Durch-

*In schattigen Lagen können Holzpflaster glitschig werden.*

messer zwischen 10 und 30 cm. Durch die runde Form bleiben beim Verlegen große Lücken, weshalb sich dieser Belag weniger für Sitzflächen eignet.
Mit Kanthölzern hingegen lassen sich schmale, in geschützten Lagen sogar dichte Fugen wie mit Betonsteinen erreichen. Sie gibt es in quadratischen und rechteckigen Formaten.

**• Unterbau**
Die wasserdurchlässige Unterschicht aus grobem Schotter (20 cm) ist bei

*Ein Holzdeck wirkt relativ formstreng*

Flächen aus Holz unbedingt erforderlich, weil es sonst frühzeitig verrottet. Darüber kommt eine etwa 5 cm starke Schicht von feinem Splitt; Sand ist hier nicht so gut geeignet, weil er mehr Feuchtigkeit hält. Direkter Kontakt mit Erde ist zu vermeiden.

• **Rand**
Ein Rand mit anderen Materialien ist nicht üblich. Gelegentlich sieht man der Länge nach eingegrabene Rundlinge mit etwa 8 cm Durchmesser als Einfassung.

• **Arbeitsgang**
Rundhölzer werden vorwärts verlegt, also jeweils vom fertig verlegten Teil aus. Man stellt dazu die Rundhölzer nebeneinander auf, so daß sie sich berühren, und füllt die Zwischenräume mit Splitt (5/8 mm) oder Sand auf. Da sie bei Nässe aufquillen, sollten sie nicht völlig dicht stehen. In der Regel beläßt man bei Kanthölzern etwa 5 mm breite Fugen, damit die Quellungen aufgefangen werden. Nach dem Füllen der Fugen wird jeweils mit dem Stampfer verdichtet.

• **Bedarfsberechnung und Bezug**
Je nach Durchmesser der Rundlinge läßt man sich den Flächenbedarf im Baumarkt oder im Holzgroßhandel berechnen.

## Holzdecks und Holzroste

*Schwierigkeitsgrad 2*
Holzdecks oder -roste sind in erster Linie eine Lösung für Terrassenflächen. Sie wirken luftig und sind angenehm zu begehen, weil sie federn. Gerne verwendet man Holzdecks an der Pergola, aber sie passen auch gut zu Kies- und Rindenwegen. Die rechtwinklige Form und das einheitliche Muster ergeben eine relativ strenge Wirkung. An manchen Stellen erweist es sich als entscheidender Vorteil, daß sie durch eine Stützkonstruktion auf beliebige Höhe gebracht werden können, um auch schwer bebaubare Untergründe zu überdecken. Wichtig ist, daß die Holzoberfläche völlig eben und splitterfrei ist, damit man sie ohne Gefahr barfuß begehen kann. Die Kernseite sollte jeweils nach oben

**BAUSCHEMA FÜR HOLZROSTE**

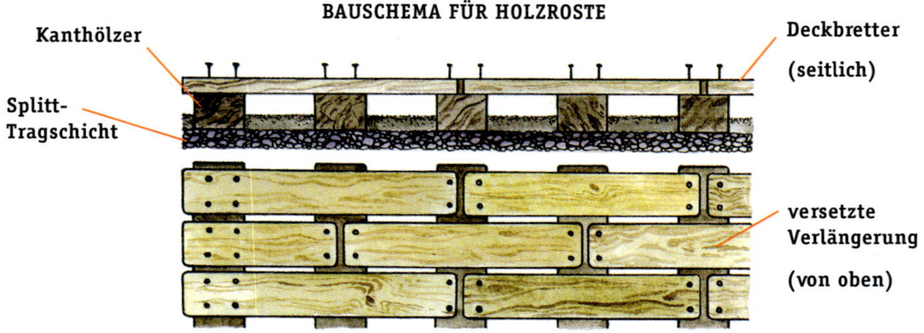

weisen. Reine Kernbretter sind am unempfindlichsten gegen Einwirkungen von Feuchtigkeit. Wenn Kern- mit Splintholz in einem Brett zusammentreffen, kann es sich verformen – die Bretter „werfen" sich. Jährliches Abschrubben verhindert die dauerhafte Ansiedlung von glitschigen Moosen und Flechten. Metallbestandteile sind gelegentlich zu entrosten.

• **Unterbau**

Wie auch bei Kieswegen und Holzpflastern ist ein wasserdurchlässiger Untergrund mit einer etwa 20 cm starken, verdichteten Schotterschicht anzulegen. Bei einer Terrasse ist unbedingt ein Gefälle weg vom Haus vorzusehen. Entlang des Hauses hingegen sollte der Unterbau „im Wasser liegen". Als Ausgleichschicht folgt ein dünnes Splittbett.

• **Arbeitsgang**

Als Auflage dienen Kanthölzer von mindestens 40 mm Stärke (am besten 100 x 100 mm), die nicht weiter als 60 cm voneinander entfernt sind. Sie müssen im rechten Winkel zur Richtung der Belagsbretter liegen.

Um auf Nummer Sicher zu gehen, verlegt man in feuchtigkeitsgefährdeten Lagen die Auflagehölzer nicht direkt ins Splittbett, sondern legt zusätzlich flache Betonsteine unter (in etwa 1 m Abstand). Dadurch wird etwas Abstand zum Untergrund geschaffen, die Hölzer liegen sicher und trocken. Noch stabiler wird die Konstruktion durch im Boden eingebaute Fundamente (siehe „Freitragendes Holzdeck" S. 60).

Für die Oberfläche des Decks wählt man mindestens 25 mm starke, gehobelte Belagsbretter. Zwischen ihnen hält man einen Abstand von ca. einem halben Zentimeter. Auch zur Hauswand wird ein etwa 1 cm breiter Schlitz gelassen.

Die Bretter werden mit jeweils zwei Schrauben befestigt. Bei längeren Brettern genügt es, sie an jedem zweiten Kantholz festzuschrauben. Dazu nimmt man am besten einen Bohrer mit Schraubaufsatz zu Hilfe und bohrt die Löcher vor. An sichtbaren Stellen sollte man in nichtrostende Schrauben investieren.

Genügt die Länge der Bret-

*Auch ein Naturmaterial kann man mit etwas „Pfiff" gestalten.*

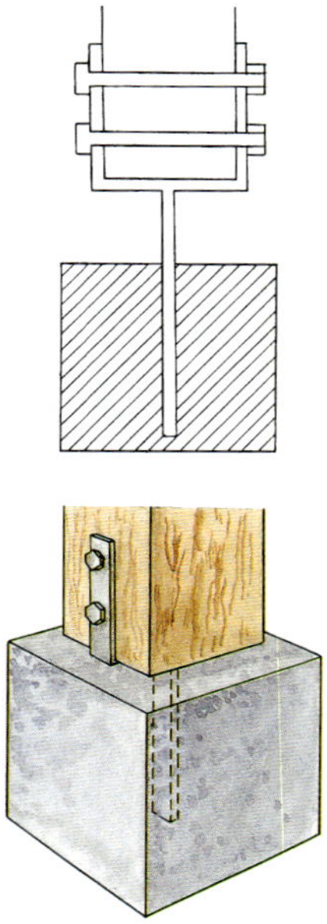

Freitragende Pfosten stehen auf Eisenschuhen im Betonfundament.

ter nicht für die ganze Breite der Konstruktion, dann sollten die Verlängerungen versetzt integriert werden. Dies sieht besser aus als eine durchgehende Nahtstelle. Die Anschlüsse müssen sich allerdings immer auf einem Auflageholz treffen. Freie Überstände sind zu vermeiden. Zur Markierung der Kanthölzer kann man auf den Brettern einen Strich oder gleich eine Schnur ziehen.
In Gartencentern und Baumärkten gibt es auch fertige Roste von einem viertel bis eineinhalb Quadratmetern. Durch Verlegen in wechselnde Richtungen ergibt sich ein lebendigeres Muster. Wenn Sie einen fertigen Rost verkleinern wollen, muß an der frisch gesägten Abschlußkante ein neues Auflageholz angebracht werden.
Die Roste können direkt auf einer Ausgleichschicht aus feinem Splitt verlegt werden. Besser belüftet sind sie, wenn man auch hier eine Holzauflage vorsieht. Dazu legt man an den Übergängen der Roste (also abhängig von deren Format) sowie zusätzlich in der Mitte stabile Kanthölzer auf der Splittunterlage aus.

- **Bedarfsberechnung und Bezug**

Fertige Roste können im Baumarkt oder Gartencenter erworben werden. Der Flächenbedarf läßt sich leicht errechnen. Rohes Bauholz ist im Holzfachhandel erhältlich. Hier muß sich der Bedarf an Länge und Breite der Belagsbretter orientieren.

## Freitragende Holzdecks

*Schwierigkeitsgrad 3*
Eine freitragende Unterkonstruktion, beispielsweise bei einer Hanglage, erfordert viel handwerkliches Geschick. Meist ist auch Improvisationsvermögen gefragt, um mit den jeweiligen Umständen zurechtzukommen.

- **Unterbau**

Die tragenden Balken müssen im Gelände in einem betonierten Fundament gründen. Dazu hebt man eine Fläche von jeweils mindestens 20 x 20 cm etwa 70 bis 80 cm tief aus, also bis in den frostfreien Untergrund. Je nach Gewicht der Konstruktion müssen diese Tragbalken in 80 bis 150 cm Abstand angebracht werden. Je größer der Abstand, desto stabiler muß wieder-

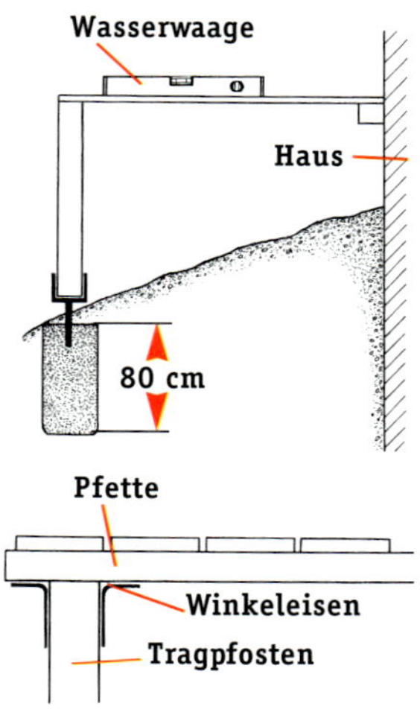


Die Pfette neigt sich leicht vom Haus weg. Sie trägt die Deckbretter.

*Ein Holzdeck kann abfallendes Gelände oder auch Gewässer überspannen.*

um der Belag sein. Die ausgehobene Grube kann zur Hälfte mit Steinen aufgefüllt werden, bevor man den zähflüssigen Beton darüber gießt, bei einem Mischungsverhältnis aus Kies und Zement von 6:1. Die Oberkante des Betonfundaments verbleibt etwas tiefer als die umgebende Fläche, damit man sie unsichtbar abdecken kann.

• **Arbeitsgang**

In dem noch flüssigen Beton werden die U-förmigen Eisenschuhe (z.B. 10 x 12 cm) für die tragenden Kanthölzer (z.B. 10 x 10 cm) exakt senkrecht verankert, so daß sie etwa 3 bis 5 cm hervor ragen. Erst wenn der Beton nach drei Tagen vollständig abgebunden ist, werden die Balken an vorgebohrten Löchern mit hindurchgesteckten Schrauben und Muttern befestigt. Die senkrechten Pfosten werden durch waagrechte Auflagebalken (Pfetten) verbunden, die man mit Hilfe von Eisenwinkeln zusätzlich stabilisieren sollte. Diese Balken müssen wieder ein Gefälle vom Haus weg ermöglichen. Wenn das Holzdeck auch am Haus nicht am Boden aufliegen kann, ist hier ebenfalls ein waagrechtes Kantholz zu befestigen. Die Löcher für die langen Schrauben werden im Balken vorgebohrt und dienen zur Kennzeichnung, um in der Hauswand die passenden Metalldübel zu versenken. Ihr Abstand sollte keinesfalls mehr als 50 cm betragen.

• **Bedarfsberechnung und Bezug**

Im Fachhandel kann man je nach Maßen und Materialien des Decks die erforderlichen Mindeststärken für die tragenden Balken errechnen lassen.

*Rindenmulch macht wenig Aufwand und ist ideal für den Nutzgarten.*

## Rindenmulch

*Schwierigkeitsgrad 1*
Dieses natürlich anfallende Material eignet sich für nicht so intensiv genutzte Wege oder zum Beispiel Kinderspielplätze. Hier erweist es sich von Vorteil, wenn der Boden zwar befestigt, aber nicht steinhart ist. Rindenmulch besteht aus schwer verrottenden Rindenabfällen. Wie Kies braucht er nicht exakt verlegt zu werden.
Auf sonnenabgewandten Wegen kann das Material vernässen und mit der Zeit verfaulen. Andererseits zersetzt sich Rindenmulch auch bei intensiver Bestrahlung und bildet eine nur sehr lockere Auflage. Ein willkommener Vorteil dieses Belags: Er unterdrückt Unkrautwuchs, wenn er hoch genug ist.

- **Unterbau**

Rindenmulch sollte mindestens 10 cm hoch mit grobem Kies oder Schotter unterlegt werden, damit der Wasserablauf gesichert ist.

- **Rand**

Insbesondere am Rand von Rasen oder empfindlichen Pflanzungen empfiehlt sich eine Umrandung, damit die Rindenstücke nicht so leicht in die Nachbarschaft gelangen. Manchmal tut es schon eine Reihe Großpflaster oder zwei Reihen Kleinpflaster. Auch eine „herausragende" Betonkante oder ein längs eingegrabenes Rundholz (ca. 10 cm Durchmesser) als Einfassung ist sinnvoll.

- **Arbeitsgang**

Am aufwendigsten ist der Unterbau; das gleichmäßige Ausbringen der 5 bis 10 cm starken Deckschicht erfordert keine weiteren Kenntnisse.

- **Bedarfsberechnung und Bezug**

Rindenmulch gibt es in Gartencentern und Baumärkten. Der Mengenbedarf in Litern errechnet sich aus der Fläche in Quadratmetern mal Belagshöhe in Millimetern (ca. 100).

*Das natürliche Material paßt gut zu Wegen zwischen Gehölzen.*

# Terrassen und Sitzplätze anlegen

## Format und Lage

Für die Lage der Terrasse ist wichtig, daß sie bequem von Küche oder Wohnraum aus erreicht werden kann. Dabei profitiert man meist von der im Haus gespeicherten Wärme. Gerne wird die Terrasse auch in einem geschützten Winkel zwischen Haus und Garage oder Geräteraum angelegt.
In den meisten Fällen sind solche Sitzflächen rechteckig. Das **Mindestmaß** liegt dann bei etwa 2,50 x 3 m. Diese Fläche braucht ein kleiner runder Tisch mit 4 Stühlen. Ein rechteckiger Tisch bringt mehr Nutzfläche, benötigt aber auch mehr Platz. Für eine kombinierte Sitz- und Liegefläche, vielleicht auch noch mit Grillplatz, sind schon 30 bis 40 Quadratmeter zu veranschlagen (zum Beispiel 5 x 7 m). Schließlich sollen auch noch Kübelpflanzen, Sonnenschirme und andere Dekorationen Platz finden. Quadratische Formen sollten vermieden werden, sie wirken etwas langweilig.
Angesichts der oft vorherrschenden Enge ist es bei **Reihenhäusern** besonders wichtig, den Sitzplatz durch Sichtschutzwände oder Pflanzen etwas gegen die Umgebung abzuschirmen, damit eine einigermaßen intime Atmosphäre entsteht.
Natürlich sollte auch die **Ausrichtung zur Sonne** gründlich durchdacht sein: Morgens und abends, im Frühjahr und im Herbst ist eine möglichst vollständige Besonnung erwünscht. Im Hochsommer dagegen wird es vor allem mittags viel zu heiß an völlig unbeschatteten Plätzen, womöglich noch vor einer sich aufheizenden Wand. Deshalb sind also nicht nur die Himmelsrichtungen, sondern möglichst auch flacher und steiler Sonnenstand zu berücksichtigen.
Die individuelle Entscheidung kann sich oft am persönlichen Lebensrhythmus orientieren: Wer an Arbeitstagen um 7 Uhr aufsteht, um das Haus zu verlassen, und am Wochenende lange schläft, der hat recht wenig von einer Terrasse im Osten des Hauses. Für Feierabend-Nutzer empfiehlt sich daher eher eine Westterrasse.

*Eine ruhige Terrassenfläche lädt zum Spielen, Plaudern und Faulenzen ein.*

*Unter der Pergola ist man vor Wind und Sonne geschützt*

Natürlich kann man sich mit einem großen Sonnenschirm oder einer Markise behelfen. Bei einer überdachten Terrasse hat man bei einem Witterungswechsel die geringsten Probleme. Allerdings kommt man seltener in den Genuß wärmender Sonnenstrahlen. Außerdem müssen hier die Pflanzen regelmäßig gegossen werden.
Unter einer bewachsenen **Pergola** findet man oft die optimalen Bedingungen. Das stabile Gerüst aus Stützen, Trag- und Auflagehölzern wird von einer Kletterpflanze umrankt, deren Laub insbesondere im Sommer vor der hochstehenden Sonne schützt. Mit Hilfe von seitlichen Pfeilern und Sichtschutzwänden kann man auch seitliche Einblicke abwehren.
Wenn möglich, sollte eine Pergola von vornherein mit eingeplant werden. Denn die Stützen stehen in der Regel jeweils auf einem Eisenschuh, der mit einem Betonfundament im Boden verankert ist. Notfalls muß man eben nachträglich den Bodenbelag wieder aufreißen.
Wenn das Haus zum Beispiel aufgrund eines niedrigen Grundwasserspiegels etwas erhoben gebaut wurde, besteht das angrenzende Gelände oft aus einem **aufgeschütteten Hügel**. Diese exponierte Lage bietet sich scheinbar für die Terrasse an. In Wirklichkeit aber fehlt die Anbindung zum umgebenden Garten, und der Sitzplatz wirkt in vielen Fällen wie ein Präsentierteller. Daher empfiehlt es sich, nach anderen Lösungen Ausschau zu halten. Viel gewonnen ist schon, wenn man allzu steile Hügel abflacht und sanft in das Gelände übergehen läßt. Eine niedrige Stützmauer rund um die Terrasse kann in ungünstigen Fällen beengend wirken, häufig aber friedet sie den Platz in positivem Sinne ein und gibt ihm optischen Halt.

## Sandkasten an der Terrasse

Ein Sandkasten direkt neben der Terrasse bringt zwar Schmutz und Unruhe mit sich, hat aber auch den Vorteil, daß die Kinder gleich vom bequemen Sitz- und Arbeitsplatz aus beaufsichtigt werden können.
Die unimprägnierten Rahmenhölzer, die den Kasten begrenzen, können dabei auf die gleiche Tragschicht gestellt werden wie die Bodenplatten. Allerdings müssen sie nicht das Gefälle weiterführen. Die Platten führt man ohne weitere Befestigung bis an die Rahmenhölzer heran. Diese lassen sich mit Eisenpflöcken im Boden verankern. Durch Auslegen mit Dachpappe schützt man sie von innen gegen den feuchten Sand.
Der Spielsand sollte formbar sein, möglichst ohne gleichzeitig zu stark an der Kleidung zu kleben.

## Geeignete Beläge

Da Haus und Terrasse optisch eine Einheit bilden sollten, empfiehlt es sich, das Belagsmaterial auch auf den Stil des Hauses abzustimmen. Im günstigsten Fall wirkt die Terrasse wie eine Erweiterung des Wohnraums. Die Abstimmung kann sich dabei bis auf den Farbton des Teppichbodens erstrecken.
Da helle Materialien das Sonnenlicht stark reflektieren und daher blenden können, sind gemäßigte bis dunklere Beläge zu bevorzugen. Damit stehen sie auch in Kontrast zu den Wandflächen. Der gleiche Farbton wäre nicht wünschenswert. Dunkle Flächen speichern außerdem die Wärme besser. Je kleiner die Fläche, umso kleinformatiger darf im allgemeinen auch das Belagsmaterial sein. Wegen der Sitzmöbel sind jedoch zu kleinformatige Beläge mit vielen oder großen Fugen zu vermeiden. Andernfalls stehen die Stühle und Tische häufig auf wackeligen Beinen.
Auch zum Zwecke der Säuberung ist eine ebene Oberfläche zu bevorzugen. Allerdings sollte das Material gleichzeitig griffig sein, damit man bei nasser Witterung nicht so leicht ausrutscht.
**Natursteinpflaster** wird für die Sitzmöbel auch bei sorgfältigster Verlegung immer eine etwas wackelige Angelegenheit sein. Das muß man in Kauf nehmen, wenn man die gemütliche und natürliche Atmosphäre dieses dunklen Belags in Anspruch nehmen will, bevorzugt auf kleinen Flächen. Auch **Natursteinplatten** sind nicht völlig eben und müssen gut verfugt werden, um eine geschlossene Fläche zu bilden. Dafür wirken sie besonders stilvoll.
**Kunststeinplatten** hingegen wirken eher glatt, in jeder Hinsicht. Ein unleugbarer Vorteil sind die vielen, preiswert verfügbaren Maße und Farben. Ein lebendiger Kontrast entsteht durch Kombination mit Pflaster oder **Klinker**. Letztere bilden mit ihrem warmen Farbton auch als kompletter Belag einen harmonischen

*Ein Belag aus Terrakottasteinen ist ebenso zweckmäßig wie stilvoll.*

Übergang zwischen Haus und Bepflanzung.
In krassem Gegensatz dazu wirken die meisten **Beton-Formsteine** sehr nüchtern-kühl und eignen sich weniger für solch einen wohnlichen Bereich. Allerdings gibt es seit einigen Jahren ein großes Angebot an Kunststeinen, die auch dem Trend zum Naturmaterial nacheifern.
**Kies** bildet einen preiswerten Belag, der sich allerdings nicht gut sauberhalten läßt.
Einen ganz eigenen Charakter besitzen große **Holzdecks** (siehe S. 58). Aufgrund der rechtwinkligen Muster wirken sie recht formal und eignen sich daher sehr gut im direkten Anschluß an das Haus. Ungeeignet ist solch ein Belag in schattigen oder besonders regnerischen Lagen, weil die Oberfläche dort leicht glitschig wird. In allen übrigen Lagen wirkt Holz angenehm ausgleichend auf das Kleinklima. Wichtig ist, daß sich die Bretter mit engen Fugen verlegen lassen. Andernfalls wackeln nicht nur die Stühle: Die Fläche unter dem durchlässigen Rost wird langfristig zur unfreiwilligen Abfalldeponie.
Leicht zu verlegen sind auch Holzfliesen. Vom **Holzpflaster** kommen nur eckige Formen in Frage (u.a. versenkte Kanthölzer). Die besonders natürlich wirkenden Rundhölzer verursachen für den Gebrauch von Sitzmöbeln zu große Fugen.

*Klinkerflächen wirken mit ihren warmen Farben besonders behaglich.*

- **Unterbau**

Aufgrund der relativ geringen Belastung, der eine Terrasse normalerweise ausgesetzt ist, darf man beim Unterbau jeweils die geringeren Schichthöhen ansetzen (siehe beim jeweiligen Belag). Wichtig ist, daß auch die Terrassenfläche ein Gefälle weg vom Haus aufweist. Viel mehr als ein Prozent sollte es aber nicht sein, weil sonst auf dem schiefstehenden Tisch schnell die Kaffeetasse überläuft. Mit Natursteinplatten sind solch enge Vorgaben allerdings schwerer einzuhalten.
Optimal wäre ein ebenerdiger **Anschluß** der Terrasse **zwischen Haus und Garten.** Allerdings sollte zumindest eine 10 cm hohe Stufe vorgesehen werden, mit einer etwa 2 cm breiten Fuge vorgelagert, damit nicht ohne weiteres Regen-

*Beim stilvollen Kleinsteinbelag muß man wackelige Stühle in Kauf nehmen.*

wasser eindringen kann. Häufig erweist sich auch ein betretbares Podest als praktisch, in das ein Fußabstreifer integriert ist.
Wenn die anschließende Terrasse durch einen überhängenden Balkon oder ein anderes Dach geschützt ist, genügt eventuell eine um wenige Zentimeter angehobene Türschwelle.

- **Randgestaltung**

Ein eigens gestalteter Randbelag betont die Trennung von der umgebenden Pflanzung. Deshalb sollte man in den meisten Fällen darauf verzichten. Bestenfalls bei Kiesflächen kann zur angrenzenden Wuchsfläche ein ein- oder zweizeiliger Pflasterrand empfohlen werden.

Am Haus wird gerne ein etwa 10 cm breiter Kiesstreifen vorgesehen.

- **Arbeitsgang**

Einzelheiten finden Sie bei den jeweiligen Belägen in den Kapiteln über „Wege anlegen".

- **Gestaltungstips**

Innerhalb eines relativ großen, einheitlichen Plattenmeers dürfen feinere Muster mit kleinem Pflaster eingewebt werden, damit es nicht zu eintönig wirkt (siehe S. 53). Ebenso kann man durch einen bewegten Rand oder eine lebendige Bepflanzung für Auflockerung sorgen.
Im Schutz von Pflanzen und Bauten, das dürfen auch Hauswände, Mäuerchen oder hohe Stauden sein, entsteht eine lauschige Atmosphäre. Andernorts sind zu diesem Zweck eigene Sichtschutzwände erforderlich. Hierfür eignen sich alle Arten von Flecht- und Gitterwänden, wie sie im Gartencenter angeboten werden, aber auch schon einfache Schilfmatten. Am attraktivsten sind sicherlich Spaliergerüste, die je nach Lage mit blühenden oder dicht belaubten Kletterpflanzen bewachsen sind.

*Mit einer Holzterrasse gelingt der Anschluß an die Natur besonders gut.*

## Die Terrasse am Teichrand

Der an der Terrasse anschließende Teich ist ein Sonderfall der Gartengestaltung, der aber aus nachvollziehbaren Gründen nicht selten ist: Am Rande des Wassers herrscht eine feucht-kühle Atmosphäre, die im Sommer erfrischend wirkt. Außerdem gibt es hier viele interessante Pflanzen und sogar Tiere zu beobachten, was natürlich gerne aus der Nähe und am besten von einem Sitzplatz aus getan wird. Wenn das Biotop auf der gegenüberliegenden Seite in einer flachen Pflanzzone ausläuft, bleibt auch trotz des Terrassenanschlusses ein naturnaher Charakter erhalten.

Ein begehbarer **Teichrand** erfordert ausreichende Stabilität, damit die Terrasse nicht zum unfreiwilligen Sprungbrett wird. Vor allem ein steiles Ufer muß dann eventuell durch ein Mäuerchen unterhalb des Wasserspiegels abgestützt werden. Beliebt ist auch ein Teichrand aus großen Holzbohlen (zum Beispiel Lärchenholz), auf denen man sitzen kann. Eisenbahnschwellen eignen sich aufgrund der Verunreinigungen weniger. Die Folienabdichtung eines Teichs läßt sich dann innen an diesen Kanthölzern hochziehen. Wenn der Teichrand hoch genug liegt, darf man die Folie zwischen den obersten Kanthölzern durchführen. Oder man gräbt eine Randbefestigung aus Rundhölzern ein, an denen ebenfalls die Folie befestigt werden kann. Dahinter darf gleich der Terrassenbelag beginnen.

### TIP!

So schön der Teich gestalterisch an die Terrasse paßt: Wenn kleine Kinder Zugang haben, ist daran zu denken, daß Wasser auf sie magische Anziehungskraft besitzt. Daher sind unbedingt wirkungsvolle Sicherungen einzubauen, vor allem für über 20 cm tiefe Zonen.

**WEGBEFESTIGUNG AM STEILEN TEICHRAND**

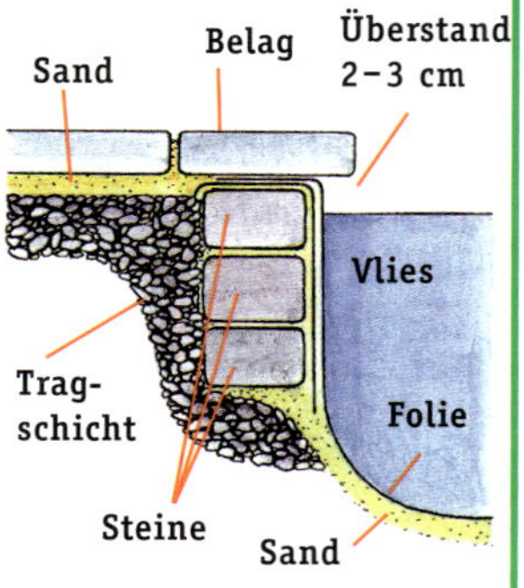

Wer nur Platz hat für eine kleine Wasserfläche, der kann zum Kunststoff-Fertigteich greifen. Die Terrassenplatten läßt man, stabil aufliegend, knapp über den oberen Rand stehen. Noch kleinere Teiche müssen sich mit wenigen Pflanzen und Tieren beschränken, schaffen dabei aber eine Ahnung von der Vielfalt in diesem lebendigen Lebensraum.

Hierzu genügen schon ein paar hübsche Gefäße.

## „Andere" Sitzplätze

Sitzplätze können natürlich auch unabhängig von einer Terrasse angelegt werden: Einfachstes Beispiel ist eine **Bank**, die im Eingangsbereich des Hauses zu einem kleinen Plausch einlädt,

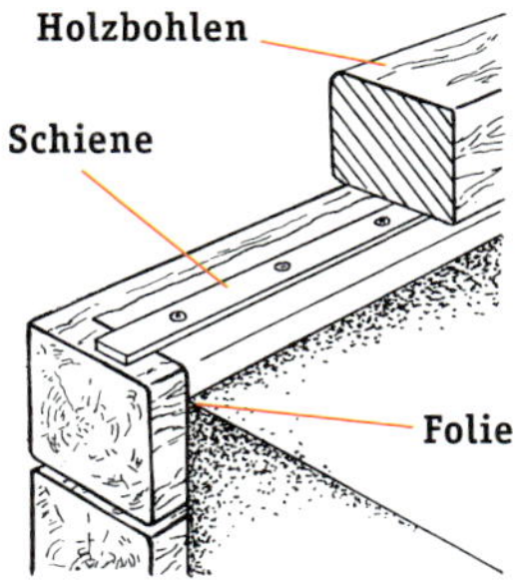

**Mit Holzbohlen läßt sich die Teichoberfläche erhöhen**

*Ein kultiviertes Plätzchen in natürlicher Umgebung.*

*Freisitze ermöglichen Kommunikation – mit Menschen oder Pflanzen.*

oder in irgendeinem heimeligen Eck des Gartens, am Ende eines Wegs, wo man sich in der stillen Betrachtung des Pflanzen- und Tierlebens versenken kann. Dafür ist nicht mehr Platz als ein bis zwei Quadratmeter erforderlich.
Solch eine Bank wird meist ganzjährig am Ort verbleiben und muß deshalb ausreichend wetterfest sein. Der Bodenbelag sollte sich an den übrigen Wegen orientieren. Oft genügt hier allerdings – nach dem Vorbild der alten Bauerngärten – eine wasserdurchlässige Kiesfläche.
In manchen Fällen bietet es sich an, im schützenden Schatten eines Baums oder an einem anderweitig geschützten Plätzchen eine ganze Sitzgruppe aufzustellen: Einen sogenannten **Freisitz**, fernab vom Haus, wo man nur noch von der kultivierten Natur umgeben ist. Oder von dem aus man das Haus aus einer anderen Perspektive betrachten kann. Gerne wird ein Zweitsitzplatz auch genutzt, um die ersten oder letzten Sonnenstrahlen genießen zu können. Die Größe dieses Platzes sollte in einem harmonischen Verhältnis zum gesamten Garten stehen und diesen nicht übertrumpfen.
Man kann den Freisitz ebenso wie die Terrasse auf befestigten Boden stellen. Auswahl und Anlage der Beläge erfolgt nach den oben beschriebenen Prinzipien. Aufgrund des naturnahen Standorts wird man allerdings häufig darauf verzichten und statt dessen den Rasen als Untergrund akzeptieren – auch wenn er nach anhaltenden Regenfällen schlecht nutzbar ist. Außerdem leidet die Wiese bei häufiger Benutzung.
Wer einen solchen Sitzplatz neu anlegen und rasch nutzen möchte, kann auf Rollrasen zurückgreifen. Er läßt sich schnell und einfach verlegen und gilt als besonders stabile Vegetationsdecke.

## Den grünen Teppich ausrollen

Wenn der Untergrund ausreichend durchlässig ist, genügt es, ihn mit Humus und guter Gartenerde anzureichern und zu ebnen. Darüber braucht man die vorkultivierten Matten nur noch auszurollen und ausgiebig anzugießen.

• **Gestaltungstips**
Gerade ein abgeschiedener Sitzplatz inmitten pflanzlicher Umgebung läßt sich sehr hübsch mit einzelnen charaktervollen Elementen dekorieren. Eine große Vase, ein stilvolles Terrakotta-Gefäß oder auch „nur" ein großer Findling können eine gelungene Verbindung zwischen der kultivierten Natur und dem menschlichen Eindringling schaffen. Etwas aufwendiger sind ein Teich oder gar ein Springbrunnen, die dafür auch dem Auge einen lebendigen Anreiz bieten.

# Wege am Hang anlegen

Eine Gartenanlage auf verschiedenen Ebenen hat ihren eigenen Reiz. Stufen sind in gleichem Maße ein technisches Hilfsmittel zur Überwindung von Steigungen wie ein gestalterisches Element (siehe S. 14).
Durch Wege werden bepflanzbare Terrassen und andere Hangpartien zugänglich gemacht.
Man wählt für Stufen und Wege am Hang entweder dasselbe Material wie für die übrigen Wege oder zumindest ein dazu passendes. Es ist darauf zu achten, daß die Oberfläche nicht zu glatt ist. Holz und manche Sandsteine sind für diesen Zweck deshalb nur bedingt geeignet. Natursteine aus Weichgestein bröckeln oder lösen sich auf und bilden dadurch Gefahrenquellen. Hartgesteine und viele Betonarten hingegen sind stabil und weisen eine ausreichend rauhe Oberfläche auf.

## Serpentinen im Garten

Die Modellierung eines S-förmig geschwungenen Weges am Hang bringt in der Regel mehr Komplikationen mit sich, als man sich zunächst vorstellen mag.
Je schmäler der Weg und je steiler die Hangneigung, desto schwieriger wird es. Wer die Arbeit trotzdem selbst in die Hand nehmen will, dem sei empfohlen, die Situation in einem Sandkasten zu simulieren. Dabei werden die Probleme einer dreidimensionalen Planung und eventuell geeignete Lösungsmöglichkeiten sichtbar.
Der Verlauf sollte so gewählt werden, daß der Hang zwar gut erschlossen, andererseits aber nicht zu stark zergliedert wird. So muß der Weg nicht auf jeder Höhe die volle Breite ausnutzen, sondern kann sich nach einer kompletten Durchquerung des Hanges auf die andere Seite verlagern.

## Wegneigung und Wasserführung

In der Regel muß oberhalb des Wegverlaufs in den Hang gegraben und unterhalb auf die gewünschte Breite aufgefüllt werden, so daß eine einigermaßen waagrechte Oberfläche entsteht. Das angefallene Material ist nur dann zum Auffüllen geeignet, wenn es einen hohen Kies- oder Schotteranteil enthält. Eine steile obere Hangseite muß gelegentlich durch ein Mäuerchen aus Steinen oder Hölzern abgefangen werden. Auch an der Wegunterkante steht häufig nicht genügend Platz oder Erde zur Verfügung, um sie wieder flach in die Hangneigung überlaufen zu lassen. Dann besteht die Gefahr, daß der Wegunterbau früher oder

*Die Planung eines Hangwegs ist eine reizvolle Aufgabe.*

später abrutscht. Als einfache Absicherung kann man an dieser Stelle verwitterungsbeständige Bretter einsetzen, die – wie bei Holzstellstufen – durch tief eingerammte Pflöcke in ihrer Stellung gehalten werden. Es empfiehlt sich, benachbarte Bretter oben durch ein Bandeisen zu verbinden. Wer diese Hilfskonstruktion unsichtbar machen will, kann bretthohe Kleingehölze davorpflanzen.
Kies ist für solche Wegführungen ein dankbarer Belag, der lediglich bei Gelegenheit nachgefüllt werden muß. Wenn wasserundurchlässigere Beläge verwendet werden, ist starkes Augenmerk auf die Wasserführung zu legen. Bei flacher Steigung dürfen sich die Wege seitlich zum Verlauf etwa 2 % hangabwärts neigen. Bei steileren Anlagen wächst die Gefahr, daß Wege und Vegetation durch sturzbachartige Abschwemmungen Schaden nehmen. In solchen Fällen empfiehlt es sich, die Wegneigung in den Hang hinein zu führen und dort das Wasser in Rinnen abzuleiten. Diese Rinnen läßt man entweder an der Wegbiegung im Erdreich (evtl. Dränage anlegen) oder in einem Gully (siehe S. 22) versickern.

### An der Biegung weist es sich

Knackpunkte des geschwungenen Hangwegs sind die Biegungen. Während man die Geraden durchaus auch mit größeren Wegplatten belegen kann, müssen in der Kurve unbedingt kleinformatige Beläge verwendet werden, in der Regel Kleinstein- oder Mosaiksteinpflaster.
Innerhalb der Wegbiegung gilt es, die nahe nebeneinander verlaufenden, unterschiedlichen Weghöhen harmonisch miteinander zu verbinden. Hierfür eignen sich oft Findlinge oder eine Pflanzung mit Kleinsträuchern. Damit lassen sich die Höhenunterschiede baulich wie optisch gut überbrücken.
Bei steilen Kurven kommt man oft nicht um einen Mauerbau herum. Von der Kurve weg fängt das Mäuerchen den steilen Höhenunterschied ab und wächst nach einigen Metern in die flachere Böschung hinein. Mauern sind ein eigenes Kapitel, das den Umfang dieses Buches sprengen würde. Bitte informieren Sie sich in weitergehenden Veröffentlichungen über Heimwerken und Gartengestaltung.

*Treppe in der Böschung.*

*Treppe aus der Böschung ragend.*

## Gestalten mit Stufen und Treppen

Eine in die Böschung gebaute Treppe paßt sich am natürlichsten dem umgebenden Gelände an. Wenn die Treppe dagegen aus der Böschung herausragt, müssen die Stirnseiten optisch

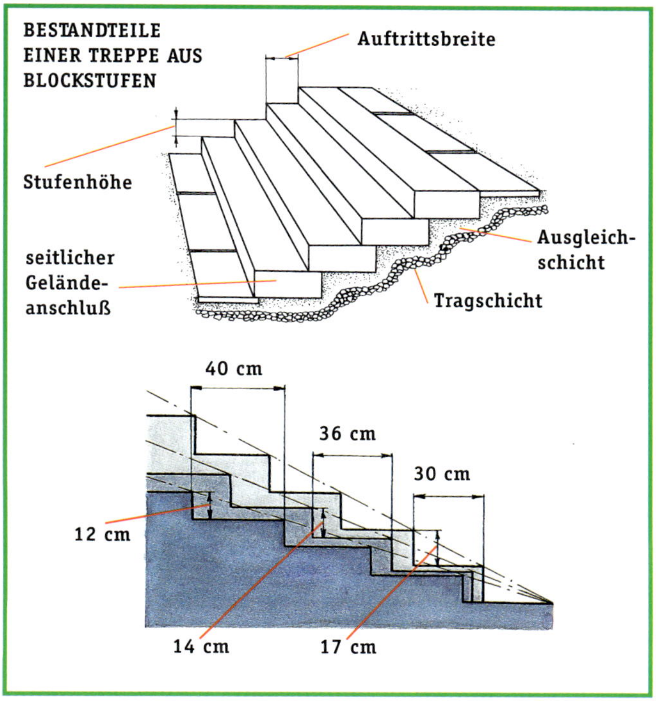


bearbeitet sein. Dafür ist sie in der vollen Breite benutzbar. Am oberen Ende der Stufe sollte der Weg lieber etwas weiter ansteigen, aber keinesfalls abfallen. Eine überhängende Randbepflanzung sorgt dafür, daß sich die Treppe harmonisch in den Garten schmiegt. Auf seitliche Einfassungen wird meist verzichtet.

Einzelne Stufen sind dem Eigenbauer ohne weiteres zuzumuten. Der Bau ganzer Treppen hingegen ist schon beim Aufmaß relativ aufwendig und sollte im Zweifelsfall Fachleuten überlassen werden. Bei Treppen von mehr als drei Stufen wird außerdem die Absicherung durch ein Geländer empfohlen. Optimale Höhe für den Handlauf sind etwa 90 cm über der vorderen Stufenkante.

## Fahrstufen

In zahlreichen Situationen wird es sinnvoll sein, parallel zu den Treppen sogenannte Fahrstufen zu führen, wie wir sie als Fahrrad- und Rollstuhlspuren von öffentlichen Unterführungen kennen. Neben den genannten Gefährten können auch Kinderwagen oder Mülltonnen ein Anlaß sein, solche Fahrstufen seitlich anzufügen. Fertige Elemente für Doppelspuren mit einer üblichen Breite von 1 m gibt es im Baumarkt oder Baustoffhandel.

## Treppenabsatz

Ein Zwischenpodest ist vor allem bei längeren Treppen zu empfehlen. Er sollte mindestens 120 cm lang

*Farbstufen erleichtern die Nutzung mit Rädern.*

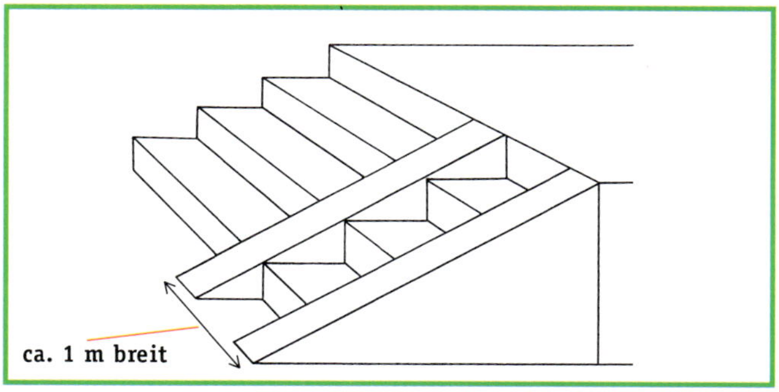

sein. Optimal wäre bei gerader Stufenzahl ein ungerades Vielfaches und bei ungerader Stufenzahl ein gerades Vielfaches der Schrittlänge (64 cm) – damit der Schritt wechseln muß. Häufig wird ein Treppenabsatz benutzt, um die Richtung der Treppe zu ändern. Ein 90-Grad-Winkel an dieser Stelle wirkt architektonisch sehr exakt. Hangabwärts muß die Treppe oft durch eine Mauer aufgefangen werden. An dieser Stelle wäre auch ein Geländer naheliegend.

### Richtungsänderung in der Treppe

Es wirkt besonders natürlich, wenn sich die Treppe mit ihren Windungen in den Hang schmiegt. Dazu kann man die Stufen seitlich versetzen oder gar wie eine Wendeltreppe anordnen.
Bei einer exakten Wendelung treffen sich die Verlängerungslinien der Stufenkanten im Kurveninneren am Mittelpunkt des gemeinsam gebildeten Kreises. Im extremen Fall von Platzmangel lägen die inneren Ecken der Vorderkante übereinander. Innen bleibt dabei natürlich immer weniger Auftrittsfläche übrig.
Das vor Arbeitsbeginn errechnete Steigungsverhältnis muß in der Mitte der Treppenbreite bemessen werden. Der Innenbereich der Kurve ist wie bei „Serpentinen im Garten" zu behandeln.

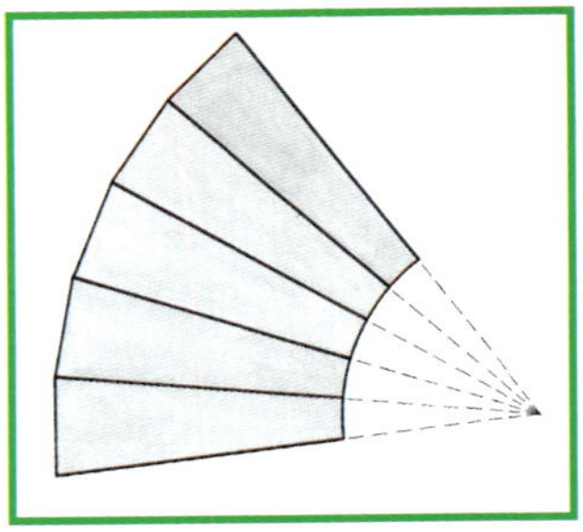

*Bei einer exakten Wendel treffen sich die Linien der Stufenkanten in einem Punkt.*

*Bei Legstufen besteht die Auftrittsfläche aus einem Stück. Sie wirken leichter als Blockstufen.*

## Verschiedene Stufenarten

### Blockstufen

Diese Stufen sind am einfachsten zu bauen, weil sie aus einem Stück bestehen. Dadurch haben sie ein hohes Gewicht, was der Stabilität zugute kommt, aber auch bei Transport und Bau die Knochen belastet. Wer Blockstufen aus Natur-

stein bauen will, muß tief in die Tasche greifen. Billiger kommt man mit Beton davon. Im Handel gibt es Blöcke mit verschiedenen Maßen und Oberflächen.
Zur Not kann man sich auch selbst Stufen im gewünschten Maß gießen.
Die schweren Blöcke lassen sich auf gewachsenem Untergrund sogar ohne Tragschicht legen, wenn er ausreichend verdichtet wurde. Um sie exakt in Position zu bringen, kann man eine Brechstange zu Hilfe nehmen. Durch eine Mörtelschicht kann man sie nach vorne sichern. In den meisten Fällen jedoch genügt schon ein Trockenfundament aus Kiessand bei der untersten Stufe.

## Legstufen

Bei Legstufen besteht die Auftrittsfläche aus flach gelegten Naturstein- oder Betonplatten. Die gewünschte Höhe der Stufen wird durch zusätzliche Zwischen-lagen erreicht. Diese Bauweise empfiehlt sich besonders, wenn man die Wegführung mit Naturstein fortführen will. Denn Platten aus diesem Material sind wesentlich kostengünstiger als ganze Blöcke.
Die senkrechten Flächen der Legstufen wirken zwar nicht so perfekt, weil sie aus kleineren Steinteilen und Beton zusammengesetzt werden müssen. Auf der anderen Seite verströmt eine überstehende Legstufenplatte wesentlich mehr Leichtigkeit als ein massiver Steinblock.
Die 6 bis 8 cm starken Platten sollte man nicht zu klein wählen, damit sie ausreichend stabil aufliegen. Sie müssen immer deutlich tiefer sein als die erwünschte Auftrittsbreite. Denn diese errechnet sich nur aus dem Abstand von Vorderkante zu Vorderkante. In Wirklichkeit kommen noch etwa 2 bis 3 cm Überstand sowie 2 cm Überschneidung hinzu, auf der die obere Stufe aufbaut.
Platten aus dem Handel sind oft 40 cm tief. Die Vorderkante kann gebrochen, darf aber nicht zu scharfkantig sein. Nur im Notfall sollte eine Stufe in der Breite aus mehreren Legplatten zusammengesetzt werden. Vor

*Einzelne Trittsteine fügen sich zu einer anmutigen Naturtreppe.*

**TREPPE AUS LEGSTUFEN**

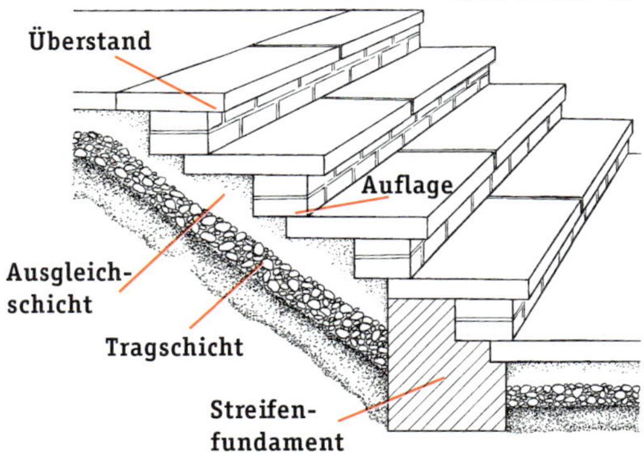

allem die Vorderkante muß man bei dieser Bauweise durch eine Mörtelschicht stabilisieren.

## Naturstein-Stufen

Rundliche oder quadratische Natursteinplatten können zu einem einfachen, schmalen Treppenpfad verbaut werden. Ähnlich wie beim Wiesenpfad aus Trittplatten (siehe S. 49) wirkt das sehr natürlich. Wenn sie schwer genug sind, kann man die Platten einfach in die Erde betten. Wichtig ist dabei vor allem, daß der vordere Rand satt aufliegt. Unter der Plattenmitte darf die Unterlage sogar eine kleine Mulde bilden, so daß die Platte gewissermaßen vom Untergrund festgesaugt wird. In der Regel wird man eine Schicht Sand unterlegen.

*Senkrechte Bretter, die von Holzpflöcken gehalten werden, bilden die Vorderkante einer Holz-Stellstufe.*

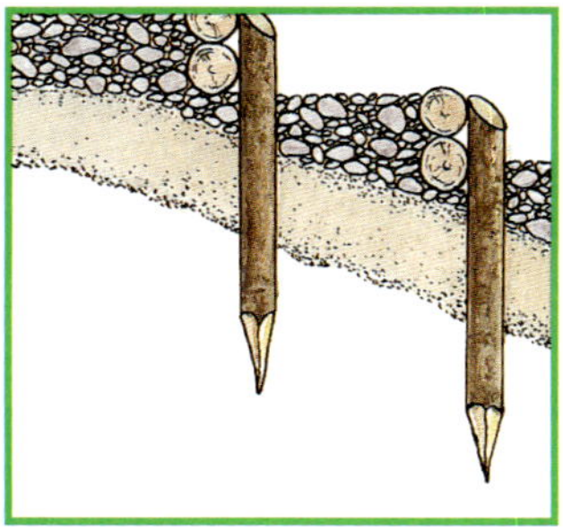

## Stellstufen

Bei Stellstufen wird eine senkrechte Vorderkante errichtet, um dahinter mit unterschiedlichen Belägen die Auftrittsfläche zu befestigen. Ein entscheidender Vorteil dieser Stufen liegt darin, daß sich auf Wunsch der Belag des Wegs fortführen läßt. Man kann zum Beispiel Betonkantensteine verwenden und dahinter Kies aufschütten. Oder die Fläche mit Pflastersteinen belegen.
In der einfachsten Form werden aus den Stellstufen Erdstufen: Wenn man nämlich die senkrechte Vorderkante nur mit Schotter hinterfüllt und die Auftrittsfläche mit Gartenboden oder Kies ebnet. Die Vorderkante wird in der billigsten Version aus halbierten Rundhölzern gebildet und von tief eingeschlagenen Pflöcken

*Seitlich versetzte Stufen.*

gehalten (Einzelheiten siehe „Holzstufen“).
Am besten jedoch sollte die stabilisierende Stellkante in ein Mörtelfundament gesetzt werden. Außerdem ist es wichtig, die Schichten des Unterbaus sorgfältig zu verdichten, damit sich die Fläche hinter der Kante nicht mit der Zeit absenkt. Wenn man Pflastersteine verwendet, kann man die ersten Reihen auf eine etwa 10 cm starke Mörtelschicht setzen. Vor dem Stampfen müssen die Steine 1 bis 2 cm über die Kante hinausragen.
Bei der Berechnung der Maße ist zu beachten, daß die Stellkante breiter sein muß als die Stufe selbst, weil sie links und rechts in das angrenzende Erdreich hineinragen soll.

## Holzstufen

Zwei der genannten Bauweisen lassen sich auch mit Holz verwirklichen. Für **Blockstufen** verwendet man große Holzbohlen („Eisenbahnschwellen"). Wenn die Auftrittsfläche nicht tief genug ist, können sie noch mit Kies, Pflaster oder Klinkern hinterfüllt werden. In der Regel sind die Holzbohlen 12 bis 15 cm hoch und 25 bis 30 cm breit. Sie werden ebenfalls mit leichter Neigung nach vorne in ein Kiesbett gelegt.

**Stellstufen** können aus senkrechten Brettern gebaut werden, die man von vorne durch angespitzte Holzpflöcke stabilisiert. Bis zu 1 m Breite genügt je ein Pflock an der Außenseite, darüber wird auch noch in der Mitte einer eingeschlagen. Diese sollten 40 bis 50 cm lang sein und mindestens 2 bis höchstens 5 cm Durchmesser aufweisen. Man schlägt die Pflöcke möglichst senkrecht so weit in den Boden ein, daß sie nur noch in Höhe der Stufe herausragen, und lehnt das Brett von innen daran. Damit das Holz nicht rasch verwittert, muß der Unterbau der Auftrittsfläche einen guten Wasserablauf sicherstellen. Er wird in den meisten Fällen mit Kies aufgefüllt und verdichtet. Interessanter sieht es aus, wenn statt des Bretts mehrere übereinander gelegte (halbierte) Rundhölzer oder gar dicht gelegte Ruten (von Weide oder Haselnuß) das Vorderhaupt bilden. Auch eine dichte Reihe von Holzpalisaden (bekannt als Beetrand) kann eine hölzerne Stellstufe bilden.

*Blockstufen aus Holzbohlen, durch Kleinpflaster vertieft.*

## Treppenbau – Schritt für Schritt

Für einzelne Stufen im Gelände gibt es kein Schrittmaß, das einzuhalten wäre. Eine Stufe direkt am Hauseingang sollte wie auch der Weg mindestens 120 cm breit sein, um bequem zwei Menschen nebeneinander Platz zu bieten. Als Mindestbreite unter beengten Bedingungen sind 30 cm einzuhalten.

- **Das richtige Stufenmaß**

Die Maße für mehrere aufeinanderfolgende Stufen errechnen sich aus der menschlichen Schrittlänge. Es gilt die Formel:

**(2 x Stufenhöhe) + Auftrittsbreite = 64 cm**

Die Höhe bewegt sich in der Regel zwischen 12 und 17 cm, das Mittelmaß wären

**BLOCKSTUFEN AUF FLÄCHENFUNDAMENT MIT FROSTSICHERER BASIS.**

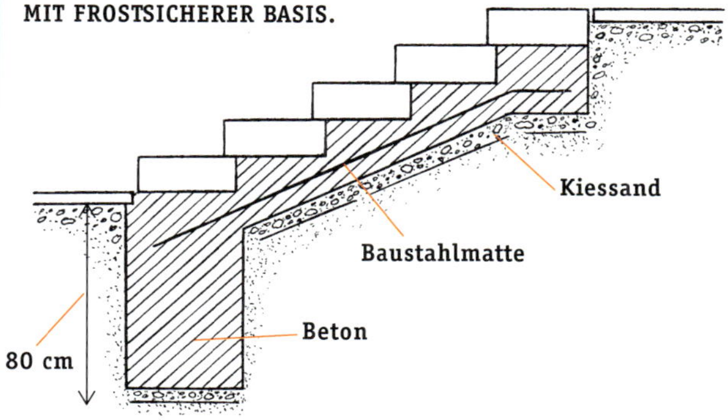

14 cm. Das ergäbe also eine Auftrittsbreite (Tiefe) von 40, 30 bzw. im Durchschnitt 36 cm. Flachere Stufen sind leicht zu tolerieren, zu hohe hingegen unbedingt zu vermeiden.
Bei der Bedarfsberechnung ist zu berücksichtigen, daß die oberen Stufen in der Regel 2 cm breit auf den unteren aufliegen sollen, also diese Tiefe im Endformat verlieren. Umgekehrt gewinnt jede Stufe durch die Neigung nach vorne 1 cm an Höhe gegenüber der reinen Materialhöhe.

- **Arbeitsgang**

Die Punkte am unteren und oberen Ende der Treppe sollten vor Arbeitsbeginn feststehen, damit also auch das Steigungsverhältnis und die Maße der einzelnen Stufen. Entlang einer Wand kann der Verlauf dort anskizziert werden, andernfalls wird eine Schnur gespannt.
Eine Treppe sollte niemals die Stützunterlage für eine Mauer bilden. Denn wenn die Treppe reparaturbedürftig wird, wäre der Bestand der ganzen Mauer gefährdet. Umgekehrt ist es einfacher.
Beim Treppenbau arbeitet man von unten nach oben, weil ja die oberen Stufen auf den unteren aufliegen. Entsprechend trägt man Stufe für Stufe die Schichten des Unterbaus auf. Auch hier das Verdichten mit dem Handstampfer nicht vergessen!
Der **Unterbau** gestaltet sich ähnlich wie für Wege. Die Tragschicht muß nicht sehr tief sein (10–20 cm), da ja in der Regel nur das menschliche Gewicht zu tragen ist. Allerdings ist eventuell beim Aushub Platz für ein Betonfundament zu schaffen.
Ein frostfreies **Fundament** (mindestens 80 cm tief) ist am sichersten, aber auch am aufwendigsten zu erstellen. Als unumgänglich gilt dieser Aufwand bei direktem Kontakt mit Gebäuden. Dann sollte man ihn eventuell Fachleuten überlassen.
Für ein Flächenfundament wird eine dünne Betonschicht auf sauberen Kiessand verteilt und eventuell durch eine Baustahlmatte verstärkt.
Im gewachsenen Gartengelände genügt oft schon eine Bauweise mit einfachen Mörtelauflagen. Wenn ganz ohne Beton gearbeitet wird, muß man damit rechnen, daß die Stufen im Laufe der Frostperioden in Bewegung geraten.
Die 5 bis 10 cm hohe Mörtelschicht wird jeweils aufgetragen, wenn die darunterliegende Stufe fertig ist. Der Mörtelbrei (4 Teile Kies, 1 Teil Zement) muß ausreichend dickflüssig sein, damit die Steine sicher liegenbleiben.
Alle Stufen erhalten ein Gefälle, um den Wasserabfluß zu sichern, und zwar etwa 1/2 bis 1 cm nach vorne. Bei der untersten Stufe ist es besonders wichtig, daß sie die gewünschte Neigung aufweist und in der Breite exakt waagrecht liegt. Denn alle anderen Stufen orientieren sich automatisch daran. Außerdem sollte man sicherstellen, daß die Beläge stabil aufliegen.
Bei mehr als zwei Stufen wird durch Auflegen einer Richtlatte überprüft, ob die Vorderkanten der Stufen exakt in einer Linie liegen. Der Spielraum sollte 1 cm keinesfalls übersteigen.
An den seitlichen Rändern der Treppe, den sogenannten Treppenwangen, muß nach dem Bau der Boden wieder anmodelliert werden.

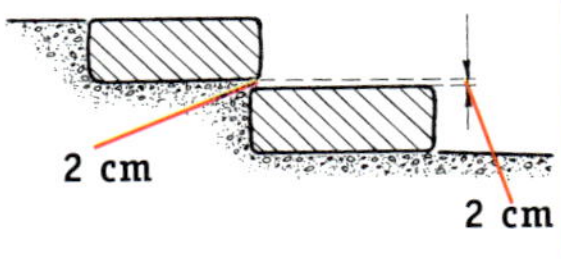


**Auflage und Gefälle bei der Berechnung berücksichtigen.**

## Literatur

Erfolgreich Heimwerken im Garten, Naturbuch Verlag, Augsburg 1998
Richtig pflastern, Heidi Howcroft, Callwey Verlag, München 1997
Selbst Höfe und Wege pflastern, Voit/Klinkenberg, Compact Verlag, München 1995
Balkon und Terrasse attraktiv gestalten, Simone Lutz, Naturbuch Verlag, Augsburg 1998
Schöne Terrassen und Sitzplätze, Graeber/Betz-Schiel, Verlag Eugen Ulmer, Stuttgart 1991
Gartenräume wohnlich gestalten, Siegfried Stein, BLV, München 1997

## Bezugsquellen

Arbeitsgemeinschaft Pflasterklinker Schaumburg-Lippe-Str. 4, 53113 Bonn, Tel.: 0228/9149331

Informationsstelle Beton-Bauteile, Postfach 210267 53157 Bonn, Tel.: 0228/954560

Eine Auswahl der benötigten Materialen finden Sie im: Gartencenter, Baumarkt, Baufachhandel, Landschaftsbaubetrieb, Ton- und Ziegelwerk (Klinker), Holzfachhandel

Gartenmöbel erhalten Sie bei: Garpa Garten & Park Einrichtungen GmbH, Kienwiese 1, 21039 Escheburg bei Hamburg

## Bildnachweis

Garpa: S.2, S.66, S.67, S.69.
Bader: S.4,1.v.o., S.5,1. und 2.v.o. und 2.v.u., S.12o., S.21-22, S.23u., S.39, S.40-42, S.45, S.55, S.77.
Sulzberger: S.4,2.v.o., S.9u., S.12m., S.23o., S.26-28, S.35-38, S.47, S.54, S.57, S.70, S.75.
Redeleit: S.4,3.v.o., S.6, S.7, S.9o., S.11o., S.12u., S.13o., S.14, S.16, S.18u.re., S.18o., S.29, S.46, S.48, S.50, S.52, S.58-59, S.61, S.62o., S.64-65, S.68, S.71, S.74.
Reinhard: S.1, S.5,1.v.u., S.13u., S.15, S.18u.li., S.24-25, S.32, S.43-44, S.49, S.51, S.56, S.62u.
Zapf: S.4,1.v.u., S.8o., S.10, S.11u., S.17, S.19, S.63.

Wir danken Werner Zapf, Bayreuth für die Werkfotos sowie Garpa Garten und Park Einrichtungen, Escheburg bei Hamburg für die Fotos.

## Impressum

Die Deutsche Bibliothek – CIP-Einheitsaufnahme

**Wege, Terrassen und Sitzplätze**: ... mit Klinker, Holz und Naturstein selbst anlegen/Max Kirschner. [Ill.: Anna Aisenstadt]. – München : Augustus-Verl., 1999
ISBN 3-8043-7365-8



Augustus Verlag, München

Umschlaggestaltung: Vera Faßbender, Augustus Verlag
Umschlagfotos: Bader (Vorderseite groß; Rückseite); Garpa (Vorderseite klein)
Illustrationen: Anna Aisenstadt, Augsburg
Lektorat: Sibylle Kolb, Augustus Verlag
Layout und Satz: Vera Faßbender, Augustus Verlag Verlag, gesetzt aus der Officina Serif 9,5/12 Punkt
Reproduktion: Typework Layoutsatz & Grafik GmbH, Augsburg
Druck und Bindung: Offizin Andersen Nexö, Leipzig
Gedruckt auf umweltfreundlich chlorfrei gebleichtem Papier

Printed in Germany

ISBN 3-8043-7365-8

# Register